W0083843

KiWi 427

Über das Buch:
Dieses satirische Handbuch gewährt uns einen tiefen Blick in die Abgründe des »starken Geschlechts«. Unter 88 alphabetisch geordneten Stichworten ist hier alles verzeichnet, was Männern angst macht. In wunderbarer Selbstironie erzählen die Autoren von der Furcht vor Gefühlen und vor Haarausfall, von der Mutlosigkeit in Gegenwart der Mutter, der Verzagtheit gegenüber einer Nymphomanin und von der Panik, die Männer ergreift, wenn sie einen Aal oder eine Zypresse erblicken.

Die Autoren sprechen nicht nur aus eigener Erfahrung: Sie illustrieren ihre Beobachtungen mit zahlreichen sehr witzigen, allerdings frei erfundenen Zitaten und Anekdoten von berühmten Menschen; Thomas Gottschalk kommt ebenso zu Wort wie Thomas Mann, Madonna oder Christa Wolf. Auf diese Weise entsteht ein einzigartiges Lexikon, in dem man nachlesen kann, warum der Begriff »Freudenhaus« heute nicht mehr die heimischen vier Wände bezeichnet oder warum sich Männer zuweilen vom »tough guy« in ein »Weichei« verwandeln.

Männerschreck ist in jedem Fall eine ungemein erheiternde Lektüre – urkomisch und lehrreich zugleich.

Die Autoren:
Dietmar Bittrich wurde 1954 in Campinas, Brasilien, geboren und lebt seit 1975 in Deutschland. Er arbeitet als Nachtbusfahrer in Hamburg. Seine letzte Veröffentlichung ist *Das Gummibärchen Orakel.*

Lothar Schöne, geboren 1949 in Herrnhut/Sachsen, Promotion in Tübingen. Er erhielt mehrere Literaturpreise, 1993/94 war er Stadtschreiber in Klagenfurt. Seine jüngste Veröffentlichung ist *Das jüdische Begräbnis.* Erzählung. K & W 1996.

Dietmar Bittrich /
Lothar Schöne

Männerschreck

Alles, was Männern angst macht
Von A–Z
Ein satirisches Handbuch

Kiepenheuer & Witsch

Alle nachfolgenden unwahren Anekdoten sind ebenso
wie die vermeintlichen Zitate vollkommen frei
erfunden und als Satire zu verstehen. Die
geschilderten Begebenheiten und die Äußerungen
und Eigenschaften von Personen treffen für keine der
genannten Persönlichkeiten zu.

Originalausgabe

1. Auflage 1996

© 1996 by Verlag Kiepenheuer & Witsch, Köln
Alle Rechte vorbehalten. Kein Teil des Werkes darf in irgendeiner
Form (durch Fotografie, Mikrofilm oder ein anderes Verfahren) ohne
schriftliche Genehmigung des Verlages reproduziert oder unter
Verwendung elektronischer Systeme verarbeitet, vervielfältigt oder
verbreitet werden.
Umschlaggestaltung: UNIKOM, Tönisvorst
Umschlagillustration: Horst Klein
Satz: Jung Satzcentrum, Lahnau
Druck und Bindearbeiten: Clausen & Bosse, Leck
ISBN 3-462-02549-X

Inhalt

Aal. Glaubt man dem *Lýgisogur,* dem Traumbuch der
Eskimos, gibt es nichts Schlimmeres für einen Mann,
als von einem Aal zu träumen. »So wie der Aal sich immer windet und nimmer fest werden will, also wird es
dem Manne ergehen, der von diesem Nachtmahr gefoltert wird«, heißt es im elften Kapitel (»Träume von
Meerestieren«). Er braucht nicht einmal zu träumen:
Eine Eskimo-Frau, die ihrem Mann einen Aal serviert,
»bedeutet ihm damit nichts anderes, als daß sie einen
neuen Liebhaber braucht«, schreibt der Grönlandfor-
scher Ove Svensson. Die unheilvolle Symbolik ist
keineswegs auf die Kultur der Eskimos beschränkt. In
einem Brief an Arnold Zweig bezeichnet es Sigmund
Freud als »in meinem Alter quälend, an einem
Fischgeschäft vorüberzugehen, in dem Aale sich winden; den Grund brauche ich Ihnen wohl nicht zu erläutern«.
Dem bedeutenden Wagner-Tenor Lauritz Melchior
wurde 1950 ein privates Abendessen in New York zum
Verhängnis. Die Sopranistin Birgit Nilsson, die er als
Liebhaberin gewinnen wollte, »tischte einen ganzen
Aal auf, den sie vor meinen Augen mit peinigender
Sorgfalt zerstückelte«. Nicht nur verging dem Sänger
daraufhin der Appetit. Sein Vertrag mit der Metropo-
litan Opera wurde im selben Herbst nicht mehr verlän-
gert. »Ihnen versagt ja die Stimme!« soll Opernchef
Rudolf Bing verächtlich gerufen haben. Darauf Melchior: »Wenn es das nur wäre!« Erst nach dem Tod des
Tenors 1973 wurde Birgit Nilsson auf den Vorfall angesprochen. Sie zeigte sich erstaunt und erschüttert. Gerade das Gegenteil der Einschüchterung habe sie damals im Sinn gehabt, erzählte sie und rief aus, was
mittlerweile auch führende Fischhändler bestätigen:
»Der Aal ist doch ein Aphrodisiakum!« – Nach Aus-

kunft der Zoologie werden männliche Aale bis zu 50 cm lang.

Abstieg. Als er noch Multimillionär war, hat der frühere Chrysler-Chef Lee Iacocca einmal ganz tief in den Abgrund gesehen. »Es war auf dem Höhepunkt, als ich finanziell noch überhaupt nicht bedroht war. Da habe ich schwarze Angst bekommen vor dem Sturz.« Ein Mann braucht nicht erst Millionen zu scheffeln, um diese Angst kennenzulernen. Das regelmäßige Einkommen reicht. »Mit jeder Gehaltserhöhung steigt die Furcht vor Rückstufung und Arbeitsplatzverlust«, hat der Frankfurter Sozialmediziner Robert Lippek herausgefunden. »Mit jedem neuen Prestigesymbol wächst die Angst vor dem Abstieg.« Und das ganz zu recht, glaubt die amerikanische Feministin Gail Sheehy. »Denn Männer sind Spieler und gefährden Geld und Status viel leichtsinniger als Frauen.« Kommt dazu, daß die Tradition ihnen die Pflicht zur Versorgung der Frau aufbürdet. Das schürt die Angst vor dem Scheitern. »Was kann eine Frau da tun?« wurde einst Elly Heuss-Knapp gefragt. »Ihm ab und zu mal sagen, weshalb sie ihn in Wirklichkeit liebt«, gab sie zur Antwort. Doch der Frau eines abgestiegenen Mannes fällt kaum mehr ein, weshalb sie ihn lieben sollte. Auf die Frage des Hamburger Institutes für Kultursoziologie »Würden Sie Ihren Mann auch noch lieben, wenn er plötzlich den größten Teil seines Einkommens und Vermögens verlöre?« kreuzten 37 % der Frauen die Antwort »vielleicht« an und 29 % die Antwort »auf gar keinen Fall« (1996).

Alter. Während bei Naturvölkern das Alter, insbesondere der Alte, eine bevorzugte Stellung genießt, ist in den Zivilisationsgesellschaften westeuropäischer Prägung die Hochachtung für den alten Mann betrüblich geschrumpft. Daher rührt die weitverbreitete Furcht vieler Männer. »Ein Mann empfindet sich heute oft schon mit vierzig als alt«, berichtet der Salzburger Gerontologe Günter Plattschak. »Und unter uns gesagt: Häufig ist er es auch.«

Viele Männer messen ihr Alter an der Wirkung, die sie auf jüngere Frauen ausüben. Einem alternden Manne, schrieb der Maler Salvador Dalí, werde es oft verdacht, wenn er jungen Frauen nachsteigt, »allein, es ist die einzige Möglichkeit, sich jung zu erhalten«. Nach Erkenntnissen der Altersforschung irrt Dalí hier. »Zwar kann eine jüngere Frau in einem Mann noch einmal die Produktion gewisser Hormone ankurbeln«, hat Plattschak an sich selbst festgestellt, »und tatsächlich scheint er sich damit zu verjüngen. Doch wird dieser Hormonstoß teuer bezahlt. Der Alterungsschub danach ist um so gravierender. Für ein Jahr kurzfristiger Verjüngung zahlt der Mann gewöhnlich mit fünf Jahren vorzeitiger Alterung.« Der Gelehrte läßt durchblicken, daß der krasse Verfallsprozeß durch zu häufiges Ejakulieren beschleunigt wird. »Jeder Ausstoß bedeutet einen Monat Verlust.«

Das ändert freilich nichts daran, daß Männer aus schierer Angst, sie könnten bereits altersschwach sein, ihre Jugend durch Potenz unter Beweis stellen wollen. Daß dieser Beweis den gegenteiligen Effekt hat, müssen wir resigniert zur Kenntnis nehmen. Bei Betrachtung gleichaltriger Paare im Pensionsalter wird die Diskrepanz offensichtlich: Die Frau scheint jenseits der Sechzig plötzlich an Vitalität zu gewinnen, während der Mann rasch verfällt.

So hat sich als eine der Hauptfragen auf gerontologischen Kongressen herausgeschält, wie dem Mann die

Angst auf andere Weise zu nehmen sei. Weibliche Ärzte können in manchen Fällen Außerordentliches leisten, berichtet die frühere Bundesfamilienministerin Ursula Lehr, in anderen Fällen wiederum beschleunigen sie den Alterungsprozeß auf unheimliche Weise. Der altersgeplagte Mann solle entweder zärtlich-zurückhaltend oder aggressiv-sexuell auf sein Ende vorbereitet werden. Diese Doppelstrategie könne, je nach Typ, das Altersleiden des Mannes verkürzen oder sogar jäh beenden, was angesichts leerer Rentenkassen ohnehin erstrebenswert sei.

Der Wiesbadener Seelsorger Hermann Otto Geißer, größter Betreiber von Altersheimen in Deutschland, schreibt in seiner *Jahresbotschaft an meine Alten*: »Vier Fünftel aller Insassen in Seniorenwohnanlagen sind Frauen, nur ein Fünftel Männer. Was heißt das? Ihr sollt dankbar sein und vorsichtig, Ihr Frauen! Schont mir die Greise! Seid langsam und sacht! Geht nicht zu viert auf einen los! Andernfalls sind auch die letzten Exemplare schnell hinüber!« Daß Geißers Warnung ungehört verhallt, sei für ihn, der sich bereits der Sechzig nähere, besonders schmerzlich.

Auf Antrag der »Interessenvereinigung deutscher Witwen« sollen alte Männer in Zukunft besser verpflegt werden. Die Beimischung von Aphrodisiaka und Aufputschmitteln in die Greisenverpflegung sei unverzichtbar, schreibt die Vorsitzende Trude Unruh. »Sonst kann unsereine ihrer nicht mehr froh werden.« Für Unruh beginnt das männliche Alter jenseits der Dreißig.

Antreiberin. Bekanntlich ist die Zahl der Frauen in Führungspositionen seit Ende der achtziger Jahre wieder rückläufig. Das ist gelegentlich mit einem »Backlash« erklärt worden, mit einem Zurückschlagen der

Männer. »Doch das eigentliche Problem«, meint die Berliner Psychologin Lydia Haack, »ist gerade die mangelnde Schlagkraft der Männer. Eine Frau tritt ihrem Mann in den Hintern, damit er Karriere macht. Ein Mann teilt solche Tritte nicht aus. Er ist gar nicht daran interessiert. Er betrachtet es nicht als Gewinn, wenn seine Frau in eine Machtposition aufsteigt. Während Frauen am Aufstieg ihrer Männer genußvoll partizipieren.« Und warum können Männer nicht ebenso genießen? Ganz einfach, weil Frauen bereits zu Hause herrschen und Macht über das Privatleben ausüben. Alle Ehen, alle Familien funktionieren so, meinte der Psychologe Erich Fromm, und mit Recht: »Frauen verstehen einfach mehr vom Leben. Ein Mann tut gut daran, ihnen das Konzept zu überlassen.« Jeder Mann wird vom ersten Atemzug an daran gewöhnt, daß eine Frau über ihn herrscht. Daß eine Frau für ihn plant. Daß eine Frau vernünftig ist, während er Unsinn macht. Daß eine Frau ihm sagt, wann er ins Bett gehen soll. Daß eine Frau ihn hereinruft, wenn er lange genug gespielt hat. Das sind seine frühkindlichen, seine ersten Eindrücke. Und die ersten Eindrücke, wir wissen es, prägen fürs Leben. Bis zu dessen Ende warten Männer auf die Signale, die Richtlinien, die Befehle der Frauen. Sollen wir damit hadern? Das wäre reine Energieverschwendung. Es ist doch nichts daran zu ändern.

»Ich habe immer gedacht, ich würde mein Leben selbst bestimmen«, wunderte sich Yves Montand kurz vor seinem Tode. »Erst im Alter bin ich darauf gekommen, daß alles von Frauen bestimmt wurde. Aber ich bin dankbar dafür.« Das ist die richtige Haltung. Nicht nur sich fügen, sondern auch noch dankbar dafür sein. Es gibt keine schönere Dankbarkeit, meinte der Philosoph Friedrich Engels, als die des Dieners gegenüber seiner Herrschaft. Denken wir daran, wenn sie uns morgen wieder wach rüttelt: »Aufstehen, Karriere machen!«

Bad Girls. Sie wollen Spaß, unterrichten uns die bösen Mädchen, sie wollen Geld. Wenn es um die Karriere geht, greifen sie an. Wenn es um Sex geht, greifen sie zu. Sie holen sich die Liebhaber und die Jobs ihrer Wahl. Glauben sie. Und sie können es überhaupt nicht leiden, wenn ihnen jemand dabei in die Quere kommt. Sagen sie. »Nie waren junge Frauen so rücksichtslos wie heute«, freut sich die Hamburger Psychologin Sophie Brocks. »Insbesondere in der Altersgruppe zwischen 18 und 28 macht ein Frauentyp Furore, dessen Rabiatheit die härtesten männlichen Verhaltensformen mühelos übertrifft.«
Nichts ist schlecht, bei dem du dich gut fühlst, sei ihre Devise. Und: Tue nie etwas, das du tun solltest. Sie seien selbstbewußt und unverschämt. Sie liebten den Schlagabtausch. Und sie seien bis über die Schmerzgrenze hinaus ehrlich. »Männer, die mir keinen Orgasmus verschaffen, schmeiße ich noch in derselben Nacht raus«, sagt die 26jährige Frauenbeauftragte von Bollerup, Anna Lenz. »Ich bin für Klarheit.« Die Männer sind das ja nur selten. Und da soll es jetzt passieren, daß sie das Nachsehen haben. Die 22jährige Gewerkschafterin Ulla Senkel: »Ich sage von Anfang an: Ich bin der Kapitän, und du kannst das Deck schrubben. Die meisten Männer sind damit sehr zufrieden.« Was die Autoren dieses Buches bezweifeln.
»Ich nehme mir das, was mir zusteht, und mir steht sehr viel zu«, sagt Gerda Duhm-Schädel, Landtagsabgeordnete der Bündnis-Grünen. »Das ganze Leben. Und der ganze Sex. Sorry, daß Männer da nicht mithal-

ten können. Im Bett sind Frauen einfach besser.« Angesagte Konsequenz für Frau Duhm-Schädel: Partnerwechsel ohne Tempolimit. »Als Frau hast du nun mal viele Orgasmen. Da brauchst du viele Männer. Wer nichts bringt, wird ausgeklinkt.« Die Betroffenen, hat sie beobachtet, reagieren geknickt. »Aber bin ich ein Almosengeber?«

Wer sich mit einem Bad Girl einläßt, so lehrt die Nürnberger Gleichstellungsbeauftragte Uta Fock, müsse damit rechnen, daß er den Rest des Tages am Stock geht. »Man hat Frauen gelehrt: Wenn du Wellen schlägst, ertrinkst du. Jetzt merken sie: Wenn sie Wellen schlagen, ertrinken nicht sie - er versinkt! Man hat ihnen gesagt: Ordne dich unter und mache es mit Diplomatie, er ist sowieso stärker. Jetzt merken sie: Wenn sie undiplomatisch sind, knickt er ein! Man hat ihnen gesagt: Heirate einen Niemand und mache einen Jemand aus ihm. Jetzt entdecken sie: Heirate einen Jemand und zeige ihm, was für ein Niemand er ist. Dann hast du was fürs Leben.«

Doch Bad Girls wollen Männer nicht nur im Bett zur Schnecke machen. Sie möchten überall dazwischenhauen. In Berlin waren Bürger und Journalisten schockiert, weil die »Wargirls«, die führende Mädchen-Gang vom Prenzlauer Berg in einem blutigen Gefecht die Jungs-Gang »Eisenhauer« aus dem Revier vertrieb; unter den Jungs gab es Schwerverletzte. In Dortmund verprügelten die rein weiblichen »Ruhr-Hexen« eine Gruppe Männer, die nach einem Fußballspiel angetrunken nach Hause torkelten.

In unserem Kulturkreis, doziert die Berliner Psychiaterin Dr. Margarete Jarchow, seien Frauen zur Aggressionshemmung erzogen worden. Das bedeutete: Ursprünglich vorhandene Aggressionspotentiale mußten sich andere Wege suchen. Dr. Jarchow: »Die Wege hießen Tricks und Intrigen, Sticheleien und verborgene Winkelzüge; wo die Energie ganz nach innen gekehrt wurde, führte das zu Depressionen. Männer durften sich unterdessen ungefiltert aggressiv mit der Umwelt auseinandersetzen. Erst jetzt sind die gesellschaftlichen Bedingungen gegeben, dieses auch Frauen zu ermöglichen.«

Die 28jährige Husumerin Wieneke Storm, die dadurch berühmt wurde, daß sie zuerst ihren Vater, dann ihren Mann und schließlich ihren Liebhaber erschoß, hat jetzt wieder eine Kontaktanzeige aufgegeben. Auf der gesteht sie nicht nur ihre Taten, sondern kündigt auch gleich weitere an. Dennoch, teilt sie mit, sei das Echo der Bewerber überaus ermutigend. »Seitdem ich Rache geübt habe, bewundert man mich, und zwar rückhaltlos. Ich habe den Verdacht, Männer wollen einfach so behandelt werden.«

Die Münsteraner Bestseller-Autorin Christel Herbort (»Der große Ratgeber für Bad Girls und Powerfrauen«) stützt diesen Verdacht: »Männer interessieren sich für Bad Girls. Die meisten allerdings ziehen es vor, sich von fern zu gruseln und ehrfurchtsvoll zu tuscheln.« Und welche trauen sich heran? Nur die ebenbürtigen, meint Frau Herbort, und das seien die Bad Boys. Die Expertin: »Zweimal *bad* ergibt jedoch nicht gut, sondern Kampf bis aufs Blut.« Auch das kann spannend sein, für die Zuschauer.

Die Autoren des vorliegenden Buches sind der Ansicht, daß Bad Girls zu den wenigen Lebewesen gehören, vor denen Männer sich nicht zu fürchten brauchen. Wenn der Druck von Bad-Girl-Ratgebern nötig ist, kann es mit der Badness nicht sehr weit her sein. In solchen Ratgebern finden sich sogenannte harte Sprüche zum Auswendiglernen. Etwa die Antwort auf eine Männer-Anmache: »Darf ich Ihnen etwas zu trinken bestellen?« -»Nein, aber ich nehme die Sechsmarkfünfzig.« Oder gute Tips zum Partnerwechsel von der Sorte: »Männer sind wie Teddybären. Der eine hält etwas länger, der andere ist sofort abgeschabt. Nicht jeder ist ein Steif-Tier.« Das ist nicht nur peinlich. Das ist traurig. Bad Girls haben unser Mitgefühl verdient. Falls sie überhaupt irgendwo zu finden sind.

Bindung. Bei Männern sehr beliebt, wenn darin schnelle, kurze Schwünge ebenso möglich sind wie langgezogene Kurven. Bei Ausrutschern und schwereren Mißgeschicken sollte die Bindung sich öffnen. Die besten Bindungen bestehen heute aus Stahl mit einem Komposit aus Karbon, Fiberglas und Graphit.

Blähungen. Von dem Kunstmaler Markus Lüpertz wissen wir, daß »kein Bild ohne Furz« entsteht. Elton John prahlt damit, daß er Stakkati am Klavier mit rhythmischen trompetenartigen Ausstößen begleitet. Der Philosoph Max Horkheimer war stolz darauf, Kollegen »an ihren Winden« zu erkennen, wobei er allerdings bei Ernst Bloch immer wieder dessen Pfeifengeruch mit etwas anderem verwechselte. Im Gegensatz zu diesen Koryphäen jedoch fürchten sich gewöhnliche Männer vor Blähungen. Denn Blähungen tauchen dann auf, wenn sie (die Männer) eine Frau erobern wollen, wenn nämlich der Zustand körperlicher Erregung zu Spannungen führt, »welche im Abgehen befindliche Gase auf halbem Wege zurückhalten« (Sexualforscherin Virginia Masters). Das ist nicht nur schmerzhaft, die zurückgehaltene Energie kann sich auch an anderer

Stelle nicht manifestieren. »Blähungen«, schreibt Masters, »sind gleichbedeutend mit temporärer Impotenz«. Zuweilen auch mit stationärer, müssen wir ergänzen. Doch auch bei Frauen sollen Blähungen gelegentlich vorkommen, nicht zuletzt nach dem üppigen Genuß von Abführmitteln. Und nicht jede Frau hat dann den Mut und die Frechheit der Kaiserin Maria Theresia, die erklärte, sie wolle »nur einen Mann beiwohnen lassen, der alle meine Winde mit Lust genießt«. Vielleicht waren die Zeiten damals weniger prüde; es fanden sich jedenfalls immer noch Hofschranzen genug. Den Autoren dieses Bandes sind dergleichen Phänomene völlig fremd. Genaugenommen wissen sie gar nicht, wovon die Rede ist.

Bordell. Das Bordell ist im Gegensatz zum Freudenhaus bei vielen Männern ein mit Angst besetzter Begriff. Warum das so ist, hat Fürst Otto von Bismarck erklärt: »Als mich mein Herr Vater das erste Mal in ein Bordell mitnahm, zitterten mir die Knie. Mir war nicht klar, was ich dort leisten mußte.« An späterer Stelle äußert er lapidar: »Es war ein hartes Stück Arbeit«. Auch Winston Churchill lernte die harte Schule des Bordells kennen. Seitdem verwendete er das berühmte V-Zeichen (für *victim*, deutsch *Opfer*) und sagte: »No sports«.

»Junge Männer«, schreibt der Naurother Familientherapeut Florian Falke, »empfinden ihren ersten Bordellbesuch als Initiationsritus. Alte Männer erleben ihn häufig genug als Exitus. Grund für Angst gibt es genug.« Der Aufklärungsexperte des ZDF, Dr. Heimo Schädlich, hat jahrelang vergeblich dafür gekämpft, Bordellbesuche live zu übertragen, insbesondere seine eigenen. Intendant Dieter Stolte soll nach Inaugenscheinnahme eines Probebeitrages jedoch geäußert haben, die Aufnahmen seien nicht geeignet, unerfahrene Personen zu ermutigen. Schädlich bekam die Spesen nicht erstattet.

Einen anderen Weg beschreitet der Pfälzer Volkskundler Professor Manfred Hick. Er vergleicht die heutige Männerangst vor Bordellen mit jener des 18. Jahrhunderts. Seine Veröffentlichung *Hurenvögel damals und heute – Lust und Linderung* (Ludwigshafen 1994) gilt in weiterführenden Schulen als Pflichtbroschüre und liegt in besseren Bordellen zur Lektüre in der Wartezeit aus.

Der Schöppinger Kulturwissenschaftler Rolf-Rafael Schröer schließlich plädiert für eine konkrete Begegnung mit dem Bordell und seinen Insassinnen. Nur so könne ein Mann seine Initiations-Angst transformieren. Um mit Studenten ein dahingehendes Versuchsprojekt ebenso wissenschaftlich wie umfassend durchzuführen, bedürfe er jedoch dringend erheblicher Fördermittel, »sonst bleibt die deutsche Universität im internationalen Wettbewerb zurück«.

Einer der beiden Autoren dieses Bandes benötigt gleichfalls solche Fördermittel, um seine Furcht zu überwinden.

Börse. Es sei der Kitzel der Angst, der Männer an die Börse treibe, hat der ruinierte Spekulant George Soros einmal gesagt. »Männer wollen an die Grenze gehen. Dort können sie es.« Dort können sie nämlich Geld verlieren. Und nicht so einfach auf der Straße. Sondern mit Stil. Börsen-Guru André Kostolany: »Nirgends sonst gibt es so viele gutaussehende Verlierer. So seriöse Bankrotteure. Nirgends kann man das Geld so flott den Bach hinunterrauschen sehen wie dort.«

Das gibt Männern dasselbe gruselige Gefühl, das sie als Kinder in Geister- und Achterbahnen hatten. »Am besten bekommt man dieses Gefühl mit Devisen-Optionsscheinen«, teilt der Großverlierer Nick Leeson in seinem eben erschienenen Ratgeber mit. »Die sind billig, pro Stück kosten sie oft nur ein paar Mark, was nicht daran hindert, zehntausend Mark oder ein Vielfaches darin anzulegen. Es ist dann einfach faszinierend mitanzusehen, wie aus zehntausend Mark binnen weniger Wochen fünftausend oder tausend Mark werden oder, wie ich es mehrmals erleben durfte, null Mark.«

Ersatzlos ausgebucht, steht in dem Brief, den die Bank schickt, ein Brief übrigens, den ein Mann nicht der Frau oder Freundin zeigt. Denn Frauen verstehen nichts von Glück und Leidenschaft männlichen Spieltriebs. Leeson: »Zumindest materiell wollen Frauen Sicherheit und Solidität, das muß mit ihrem Nestbautrieb zusammenhängen.« Für harmloses Zinskassieren und dergleichen Weiberkram haben Männer jedoch allenfalls ein Achselzucken übrig. An der Börse geht es, ähnlich wie auf der Autobahn, um ihren Wagemut. Nur wer große Risiken eingeht, hat auch große Chancen, erzählen zerknirschte Männer. Als risikofreudiger Investor kann man nämlich über Nacht reich werden oder ruiniert sein. Nur der Ruin aber ist auch ohne Vorkenntnisse leicht zu erreichen und deshalb wahrscheinlicher.

Es gibt folgende trübe Statistik: Von den zehn meistverdienenden und höchstbewunderten Wall-Street-Männern des Jahres 1987 ist zehn Jahre später einer noch tätig; drei sind ruiniert, einer jung verstorben, zwei untergetaucht und drei immer noch im Gefängnis. Ist das nicht erstaunlich? Nicht für die Hannoveraner Spiel-Psychologin Renate Hoffmann. Die hat nach eigenen Angaben nie gespielt, aber sie hat viele Spieler beobachtet, beim Pferderennen, im Kasino, an der Börse. Sie sagt: »Ein Spieler kann gewinnen. Das ist möglich. Aber er wird verlieren. Das ist sicher. Und ich habe keinen gesehen, der nicht am Ende der Verlierer war.«

Sollte Männern das zu denken geben? Aber nein! Bewahre! Wir sind ganz sicher, und wenn Sie Leser ein Mann sind, dann Sie auch – wir sind so genial, für uns gilt so eine Regel nicht. Widerlegen wir sie! Und genießen den herrlichen Kitzel der Angst!

Brille. »Die Furcht vor einer Frau mit Brille schwindet«, frohlockte Ende 1995 der Verband deutscher Augenoptiker. Nur noch jeder fünfte Mann, meldeten die Fachleute, verspüre »eine gewisse Scheu« angesichts einer bebrillten Frau (1959: jeder zweite Mann, 1979: jeder drei-komma-vierte Mann). Die Optiker führen das auf Gewohnheit, mehr aber auf »modische Modelle« zurück. Doch so einfach ist es nicht. Die Freiburger Sehtherapeutin Iris Beller-Bertram erklärt in ihrem Werk *Der scharfe Blick* (Stuttgart 1992), weshalb Männer die weibliche Brille fürchten. »Bei einem Gefühl der Sympathie und erst recht beim Flirt weiten sich die Pupillen. Der Blick wird offen. Doch genau das können Männer bei einer bebrillten Frau kaum wahrnehmen. Durch die geschliffenen Gläser wirken die Pupillen klein und bei hoher Dioptrienzahl sogar stechend. Die so fixierten Männer beschleicht genau das Gefühl, welches sie am wenigsten vertragen können: nämlich daß sie von einer Frau durchdringend geprüft werden.« Das gilt für Verhältnisse bei Tageslicht, müssen wir hinzufügen. Es gibt auch Männer, die gute Gründe

21

sehen, sich ausschließlich auf kurzsichtige Frauen ein-
zulassen. So lobte Arthur Miller an Marilyn Monroe,
daß sie »ohne Brille und Kontaktlinsen glücklicherweise nur eine verschleierte Vorstellung von meinem
Körper erlangen konnte«. Und der alternde Bob Dylan
will nur noch bebrillte Frauen in seiner Nähe dulden,
»es sei denn, ich darf mich im Dunkeln ausziehen.«

Busen. Es war eine schmerzliche Überraschung, als
1993 die Wäsche der Monroe unter den Hammer kam.
Der weiße Bademantel mit schwarzen Tupfen fand in
London noch viel Beifall und emsige Bieter. Das Nacht-
hemd auch. Aber der Badeanzug! Dem Sprecher von
Christie's blieb nichts anderes übrig, als es unge-
schminkt und sachlich zu bekennen: »Der Büsten-
halter ist umfangreich gepolstert.« Staunen, Tuscheln,
entgeisterte Blicke im Publikum. Der *Evening Standard* sprach am folgenden Tag von »Enttäuschung und
Ernüchterung«. Der *Daily Express* fragte mit Trauer-
rand »Marilyn – auch du?« Und der gestopfte Badeanzug ging unter Schätzwert weg, weil – so ein Sprecher
des Auktionshauses – »die Leute fürchten, man glaubt
nicht an die Echtheit, trotz Zertifikat«. Aber echt, so ist
es, so war es. Auch Marilyn polsterte sich auf. »Taten
sie doch alle, die großen Busenwunder«, hat Norman
Mailer einmal prahlerisch bekanntgegeben. Ihm
könne man glauben, schließlich habe er alles eigenhändig ertastet und spüre die Maße »immer noch in
den Fingern«. Das mag ein wenig übertrieben sein,
und bei Anita Ekberg, die nach eigenen Angaben »nie
einen BH nötig« hatte, hat der kleine Mann wohl nicht
richtig hinlangen können. Aber im Prinzip hat er recht.
Jane Mansfield polsterte ihre Mieder eigenhändig,
»weil nur ich weiß, wo es nötig ist«. Jane Russel

schnürte ihren Busen so auf, »daß ich meine Füße nicht mehr sehen konnte«, und ging dabei bis zur Schmerzgrenze. Mae West erreichte sogar die Schneegrenze. Als »uneinnehmbare Gipfel« sollte ihr Busen erscheinen, verriet sie dem Autor Irving Wallace. Alle Männer seien Bergsteiger, »und nichts lockt sie so sehr wie ein uneinnehmbarer Gipfel«. Oder wie zwei uneinnehmbare Gipfel. Wobei diejenigen von Mae West ja durchaus einnehmbar waren. »Aber wenn der Mann sie scheinbar besiegt hat, ist er selbst besiegt, und wenn er wieder absteigt, muß er einsehen, daß er Kräfte gelassen hat, während die Gipfel wie zuvor groß und mächtig über ihm wachen.«

Das ist blumig ausgedrückt, aber leider nicht ganz falsch. Allerdings verschweigt die Diva, daß es auch Männer gibt, die gar nicht bergsteigen, sondern die das weite Land lieben oder das Hochplateau. Doch solch biederen Gestalten ist Mae natürlich nie begegnet. Die sind ihr gleich aus dem Wege gegangen. Denn Männer, die kleine Busen bevorzugen, tun das aus plausiblem Grund, weil sie nämlich im großen Busen »den Ausdruck machtvoller Weiblichkeit fürchten«. Das hat die Psychoanalytikerin Melanie Klein in einer mehrjährigen Studie ermittelt. Wir hätten es ihr auch gleich sagen können. Doch selbst Patriarch Sigmund Freud mußte erstmal einige hundert Alpträume männlicher Klienten analysieren, um herauszufinden, daß etlichen Männern angesichts wallender Walkürenwogen »das Erdrückende des Weibes in seinem ganzen Ausmaß« bewußt wird. Der Säugling empfinde den Busen mitunter nicht nur als nährend und begehrenswert, lehrte der Meister, sondern zuweilen als »beengend, lastend und luftabschneidend.« Und so was muß ja nachwirken. Bis in den Tiefschlaf. Freud ließ folgende Bilder als eindeutige Symbole gelten: Tiefhängende Wolken, grüne Hügel, runde Büsche, dicke Kissen, Kuppeln von Domen, Deckenlampen, Milchprodukte, Pudding, Kürbisse, Melonen, Apfelsinen, überhaupt alle Früchte außer Bananen. Er berichtet von einem Klienten, der folgenden Traum erzählte: Der Mann hatte im Traum gut gegessen, und zwar Käse, Trauben und Äpfel, und war dann durch eine saftige Hügellandschaft nebst prallen Kühen gewandert; als die Wolken sich immer mehr zusammenschoben, hatte er in der Ferne die glänzenden roten Dächer und goldenen Kuppeln einer Stadt erblickt. Der bedauernswerte Klient hatte diesen Traum gar nicht erzählen wollen, weil er ihn für allzu belanglos hielt. Freud sah tiefer in den Ausschnitt. Der Traum belege einen glasklaren Fall von »Busen-Fetischismus«.

»Wir wollen Busen!« hieß ein pornographischer Roman, der 1938 in Los Angeles erschien und als dessen Verfasser drei Jahre später der Milliardär und Filmzar Howard Hughes entlarvt wurde. Im selben Jahr übrigens, als er eigenhändig einen hubkräftigen BH für Jane Russel entwarf. »Her mit den großen runden!« forderte Dirigent Arthur Nikisch und achtete bei der Besetzung des Orchesters streng auf richtige Proportionen. Der Blick in den Ausschnitt einer Violinistin, vermerkte sein Kollege Weingartner, »inspirierte ihn beim Dirigieren.« Womit der berühmte ekstatische Stil Nikischs wenigstens zum Teil erklärt ist. »Nur die dickbusigen!« verlangte Federico Fellini bei seinem ersten Bordellbesuch und von da an immer wieder. Beginnend mit »La Dolce Vita« fiel auch der Zensur die manische Vorliebe des Meisterregisseurs auf. Und 1962 rügte der *Osservatore Romano* seine »einseitig übertriebene Darstellung des Weibes, die vor allem bei unseren Jugendlichen falsche Erwartungen weckt«. Worauf Fellini antwortete, die Erwartungen seien ganz berechtigt, das wüßten auch die Männer der Kirche, die nur »von Berufs wegen Ahnungslosigkeit vortäuschen müssen«. Mittlerweile hat eine fleißige Biographin namens Ornella Volta herausgefunden, weshalb der Filmpoet so hartnäckig an monströsen Oberweiten hing. »Seine Mutter Ida fürchtete um die Schönheit ihrer Brüste. Deshalb mußte der kleine Federico als Flaschenkind aufwachsen.« So etwas versucht einer dann ein Leben lang nachzuholen. Vielleicht ist wirklich etwas Wahres dran. Fellinis amerikanischer B-Film-Kollege Russ Meyer war bereits als Säugling verwaist und mußte ebenfalls auf mütterliche Labung verzichten. Diesem Umstand verdanken wir so unverzichtbare Leinwandwerke wie »Das tiefe Tal der Superhexen« und »Die Satansweiber von Tittfield«. Wer weiß, ob Meyer, der »leider keinen Blick für Frauen unter 100 cm« hat, sonst überhaupt etwas geschaffen hätte.

Auch die feministische Psychologie hat als kreativen Antrieb den männlichen »Brustneid« dingfest gemacht, der mindestens so schwerwiegend sei wie der weibliche »Penisneid«. Wobei übrigens gerade Russ Meyer einmal seufzend darauf hingewiesen hat, daß es auch einen männlichen Penisneid gibt. Schweigen wir davon. Bleiben wir beim männlichen Säugling. Der will also Brüste. Auch zwanzig Jahre später noch. Und wenn er statt dessen die Flasche bekommen hat, erst recht. Dann müssen sie riesig und unerschöpflich sein. Warum aber heiratet er sie nicht, die großen Brüste? Fellini nahm die knabenhafte Giulietta Masina zur Frau. Und er ist nur einer von unendlich vielen. Ausgerechnet Männer, die Frauen mit barockem Busen lieben, heiraten welche mit gotischem Busen. Und zwar, so hat das Wiener Brunner-Institut ermittelt, zu nahezu 80 Prozent. Wie kommt das?

Dolly Parton, die nach eigenen Angaben als Elfjährige zum letztenmal ihre Füße gesehen hat, mußte feststellen: »Man hält uns für dumm.« Darüber hat sich auch Sophia Loren schon mal aufgeregt. »Viele Männer denken, was die Frauen vorne haben, fehlt ihnen im Gehirn.« Ein paar Filme, in denen sie selbst mitgewirkt hat, haben dieses Image unverblümt gefördert. Von Marilyns Dummchen-Attitüde, falls es denn Attitüde war, wollen wir erst gar nicht reden. Nach einer umfassenden Untersuchung französischer Sozialmedizinerinnen ist diese Einschätzung jedoch verfehlt. »Eine signifikante Korrelation zwischen Brustumfang und Intelligenzquotient konnte nicht beobachtet werden«, teilen die Expertinnen mit.

Doch das Image sitzt. Laut Statistik haben Frauen mit großem Busen geringere Karrierechancen. Amerikanische Working-Girl-Ratgeber legen betroffenen Frauen nahe, ihre Oberweite für das Bewerbungsgespräch optisch zu verkleinern. Und eine Umfrage bei deutschen Chefs ergab, daß man Vollbusigkeit nur bei Sekretärinnen schätzt. Der erste Grund wird wohl die Inspiration sein, die auch Nikisch so schätzte. Doch Männer denken nicht nur an das eine, sondern auch an das andere, nämlich an das Nährende und Trostspendende, das die mütterliche Brust für sie verkörperte, an Zuflucht und Sicherheit. Solche Eigenschaften sind bei einer Sekretärin im Zimmer nebenan besser aufgehoben als bei einer Mitarbeiterin jenseits des Flures. Aber sind Frauen mit großen Brüsten wirklich mütterlicher und fürsorglicher? Vielleicht auch fruchtbarer? Darüber gibt es keine glaubwürdigen Untersuchungen. Sicher ist nur, daß das sagenhafte Volk der karrierewütigen Amazonen auf griechischen Vasen entschieden flachbrüstig dargestellt wird. Daß dagegen Fruchtbarkeitsgöttinnen und Muttergottheiten seit dreißigtausend Jahren, nämlich seit der Venus von Millendorf, mit überdimensionierten Brüsten ausgestattet sind. Das wird kein Zufall sein. Und nun die Sache mit der Ehe. Warum entscheiden sich Liebhaber des Wagner-Formates im Fall des Falles für Minimal Music? Gesundheitliche Bedenken werden kaum eine Rolle spielen. Das Hamburger »Institut für Kultursoziologie« will nämlich herausgefunden haben, daß Liebhaber kleiner Brüste »eher an Herzinfarkt« und Liebhaber großer Brüste »eher an Schlaganfall« sterben. Das ist wenig hilfreich.

Die bei großen Oberweiten vermutete Dummheit wird für heiratslustige Männer auch kein Hinderungsgrund sein. Im Gegenteil. Ehetrainerinnen im Mittelwesten der USA trimmen Frauen immer noch und gar verstärkt auf Dummchen, damit sie ganz sicher einen Mann finden. Intelligenz dürfe erst nach dem Ringtausch rausgelassen werden. Nein, es hängt mit der Mütterlichkeit zusammen. Die Fellinis und Hughes, die Nikischs und Meyers wollen sich den großen Busen als ewiges Objekt der Begierde erhalten. Oberschlau, wie sie waren und sind, wissen sie, daß ein großer Busen daheim ihnen das Gefühl geben würde, behütet und bemuttert zu sein. Das wäre der Tod der Erotik. »Mütterlichkeit und sexuelles Begehren schließen einander aus«, dozierte bereits der Marquis de Sade. Im übrigen kann die von Mae West aufgedeckte Wahrheit über die Macht und Unbesiegbarkeit der hohen Gipfel scharfsichtigen Machos nicht entgehen. Und deshalb,

meint Russ Meyer, »heiraten nur dumme Männer dick-
busige Frauen«. Das ist falsch und boshaft, aber seine
Filme leben von dieser fatalen Kombination. Im übrigen werden auch intelligente Machos bald Frauen mit
großen Brüsten lieben, denn andere wird es kaum noch
geben. Das liegt am geschundenen Zustand der Welt.
Immer nämlich in Zeiten der Krise und der bedrohli-
chen Zukunftsvisionen dominierten auf Gemälden, auf
Fotos und im Schönheitsideal die hohen Wogen. Am
flachsten ging es zu in den satten, sicheren und optimi-
stischen späten sechziger und siebziger Jahren. Da
brauchte niemand den Busen als Zuflucht und Trost.
Jetzt aber wächst der Pessimismus und mit ihm der
weibliche Brustumfang ins Mütterliche. Der volumi-
nöse Aufstieg von Claudia Schiffer und Tatjana Patitz,
von Nicole Ann Smith und Eva Herzigova ist ein deut-
liches Signal. Und damit die vorgeführten Oberweiten
auch jenseits der Laufstege Wirklichkeit werden, hat
die Dessous-Industrie ihre beispiellose Offensive in
Gang gesetzt. Good-Up-Bra und Push-Up-Bra, Ultra-
Bra und Wonder-Bra und all die anderen Waffen aus
den Zeiten des kalten Krieges erleben ein unheim-
liches Comeback. Silikonfrei. Nur mit Hilfe von raffinierten Nähten, Drahtbügeln, Pads und Kissen, drük-
ken diese BHs zusammen, was sie halten sollen, heben
es hoch und lassen es leuchten. Ohne solche Wunder-
waffen mag Busenfreund Karl Lagerfeld kein Mädchen
mehr auf die Bühne schicken. »Ohne Bra sähe das per-
fekteste Jackett aus wie ein Kartoffelsack.« Hoch soll
er heben. Aber wem sollen wir noch trauen? Etwa unseren Augen? Nostradamus, der weise Seher, muß an
den Wonder-Bra gedacht haben, als er für die Jahrtau-
sendwende »den Auftritt des großen Täuschers«
prophezeite. Denn die Illusion gelingt perfekt. Wie ver-

blüffend die Wirklichkeit sein kann, offenbart sich dem
arglosen Mann jedenfalls spät, oft zu spät.

Chefin. »Mit dem Chef war alles viel leichter«, schreibt
der Beamte im Bundesfamilienministerium Dr. Sieg-
fried Rauch in seinem Buch *Der Anti-Nolte* (Bonn
1995). »Seine Vorlieben kannte man, seine Schwä-
chen, seine Macken. Wenn seine Augen zu Schlitzen
wurden, mußte man aufpassen, wenn die Lippen nur
noch ein Strich waren, mußte man sich leise entfernen,
bei schlechter Laune ihm einfach aus dem Weg gehen.
Oder ein Kompliment machen zu seiner scheußlichen
Krawatte.«
Denn männliche Chefs, läßt Rauch durchblicken, seien
im allgemeinen pflegeleicht: hochqualifiziert und zugleich durchschaubar, intelligent und doch mit schlich-
tem Gemüt gesegnet. Chefinnen seien dagegen für
Männer wie ein fremder Kontinent. Mit der Chefin
dringe ein »Alien« in die Abteilung ein. Der altüberlie-
ferte Büroknigge sei außer Kraft gesetzt. Jetzt heiße es,
auf der Hut zu sein.
In den vergangenen zehn Jahren (seit 1987) hat sich
die Zahl der weiblichen Chefs in Deutschland glatt
verdoppelt, und das ist nur zum Teil eine Auswirkung
von Quotenregelungen. Kaum ein Personalchef (wenn
es nicht ohnehin schon eine Chefin ist) traut sich heute
noch, Männer einzustellen. »Die Zahl der Chefinnen
wächst rapide«, beobachtet der Zwickauer Unternehmensberater Roland Schmalfuß. »Und damit die Ver-
unsicherung der Männer. Die trauen zwar der Chefin
erstmal nicht viel zu und fragen sich vielmehr, mit welchen Tricks sie es wohl geschafft hat. Wenn sie dann
zeigt, wo der Hammer hängt, werden sie allerdings
kleinlauter, als sie je bei einem Chef geworden wären.

Bei Mitarbeiterinnen ist es zwar anders, aber in der Wirkung ähnlich: Einen Chef bewundert die Mitarbeiterin, eine Chefin beneidet sie.

Männer hegen den berechtigten Verdacht, daß die Chefin eine starke Frau sein muß. Sonst wäre sie schwerlich auf einen Posten gekommen, der nach wie vor meist mit Männern besetzt wird. Was eine Chefin tut, wie sie sich benimmt, wieviel sie leistet, wird nicht nur ihr als Person, sondern gleich den Frauen im allgemeinen angerechnet. So muß sie sich als Außenseiterin im Männer-Establishment fühlen. Grund genug, entweder Stärke zu entwickeln oder aber Unsicherheit durch harsches Auftreten zu überspielen – was Männer nicht weniger einschüchtert.

»Was können Männer tun, um ihrer Chefin ihre Loyalität zu versichern, ohne sich anzubiedern?« fragt der Stuttgarter Arbeitsrechtler Dr. Jens Fritzen. Wir vermuten: Verkehrt wäre es, die Chefin in den Arm zu nehmen und sie herzhaft zu küssen. Sie könnte falsche Rückschlüsse daraus ziehen. Nicht ratsam ist es ebenfalls, sie zur Weinprobe einzuladen und ihr zuzuflüstern, zum Schluß dürfe sie auf dem Tisch tanzen. Und ein weiterer Fehler wäre es, ihr das Du anzubieten mit den Worten: »Einmal muß das Eis ja brechen«. Richtig dagegen ist nach Fritzen das Signalisieren von Anerkennung durch kleine Gesten, das konkrete Eingehen auf Kritik und das Vermeiden all der eingeschliffenen Heucheleien, die beim Chef so gut ankamen. Der Experte aus eigener schmerzvoller Erfahrung: »Frauen, und vor allem Chefinnen, haben für jeden falschen Ton ein feines Gehör.«

Denn eine Chefin ist mißtrauisch. Anders als ein Mann hat eine Frau nicht von klein auf gelernt, daß ihr Macht per Geburtsrecht zusteht. Wenn ihr nun ein Untergebener signalisiert, daß sie diese Macht zu Recht besitzt, daß sie ihre Position verdient, wird sie lockerer mit ihren Befugnissen und Mitarbeitern umgehen. Was aber, wenn sie nicht mehr die Jüngste ist und in jedem Mann, und noch im treuherzigsten Büroboten, eine Gefahr für ihren Posten sieht? Wenn sie ihre Weisungsbefugnis ausnutzt, ihre Mitarbeiter mit Arbeit zuschüttet, doch nichts wirklich Wichtiges delegiert – damit sie allwissend bleibt, und um sie herum nur Ahnungslose wuseln? Was dann?

Dem wachsamen Mann bleibt dann nichts anderes übrig, als in so einem Fall eine Eigenschaft zu entwickeln, die früher eher Frauen ausbilden mußten: Feingefühl. Ist die Chefin ein Arbeitstier, muß er pünktlich das Büro verlassen, um nur ja keinen Aufstiegsehrgeiz durchblicken zu lassen. Auch ein Satz wie »Denken Sie nicht weiter darüber nach, ich erledige das für Sie« wäre grundverkehrt. Nicht nur würde die Chefin argwöhnen, hier wolle sich jemand die Macht erschleichen. Sie wird sich auch persönlich gekränkt fühlen. Genau das, meint der Hamburger Personalberater Dr. Gert Schmitz, ist typisch für eine Frau im Chefsessel: Sie nimmt eher als ein Mann einen Konflikt persönlich. »Das emotionale Niveau der Auseinandersetzung ist bei ihr früher erreicht. Auch bei einer sachlichen Attacke sehe sie sich in ihrer Persönlichkeit angegriffen, als würde sie damit erotisch in Frage gestellt.«

Und doch sieht der Fachmann einen Schimmer Hoffnung für dienende Männer. »Chefinnen sind untergebenen Frauen gegenüber härter als gegenüber Männern. Denn sie wollen nicht den Verdacht einer weiblichen Seilschaft aufkommen lassen. Sie fürchten, in den Augen des männlichen Macht-Establishments zu sinken, wenn sie sich mit Frauen zusammentäten.«

Das klingt plausibel. Aber so richtig beruhigend ist es nicht.

David. »Vergebens bemühte ich mich, die theure Cosima vom David fernzuhalten«, notierte der Komponist Richard Wagner bei seinem Florenz-Besuch 1876. »Sie sah ihn und betrachtete ihn lange. Für mich bedrükkend. Schlaflosigkeit.« Rund fünfzig Jahre später begab sich ein anderes prominentes Paar nach Italien. »Schlich am frühen Abend heimlich zum David«, gestand Thomas Mann in seinem Tagebuch. »Traf Katja dort. Peinlich.« Und der Maler Max Beckmann seufzte: »Jeder Mann, der mit einer Gefährtin nach Florenz reist, muß den Anblick des David scheuen. Es ist qualvoll, wenn die Frau den vollendeten Körper der nackten Statue lobt. Und noch qualvoller, wenn sie einfach nur schweigend davorsteht.« Lässig und unübersehbar stellt der David des Michelangelo eine Idealfigur zur Schau. Kein Gramm Fett verdeckt die marmorne Muskulatur. Allein der Penis hat ein puttenhaftes Maß. Mittlerweile allerdings wissen allzu viele Frauen, daß der ursprüngliche Penis der Statue von ganz anderem Format war. Auf Geheiß des Renaissance-Papstes Julius II. mußte Michelangelo das angeblich übergroße Körperteil im Jahre 1504 »zur Vermeidung öffentlichen Aufsehens« abschlagen, umgehend dem Vatikan übereignen und die Statue statt dessen mit einer »sittlichen« Fassung ausstatten. Den kolossalen Marmor-Penis reihte Papst Julius unterdessen als Prunkstück in seine berühmte Sammlung steinerner Phallussymbole ein. Den römischen Jüngling selbst, der Modell für den David gestanden hatte, machte er übrigens im selben Jahr zu seinem Leibdiener. Lange galt die päpstliche Sammlung als verschollen. Im Herbst 1995 wurde sie bei Ausschachtungsarbeiten für einen U-Bahn-Tunnel in Rom überraschend wiederentdeckt. Seit September 1996 ist sie wieder im Vatikan zu sehen, vollständig bis auf den Phallus des David, der wie zuvor als päpstlicher Privatbesitz gilt. Daß Frauen diesen idealen Penis nie zu sehen bekommen, ist der einzige Trost, der Männern angesichts des vollkommenen David-Körpers bleibt.

Dessous. Daß einige Dessous Männer erfreuen, ist Allgemeingut. Daß weitaus die meisten Teile dagegen Furcht, Ernüchterung oder Ärger verbreiten, ist noch zu wenig bekannt. Marilyn Monroe zum Beispiel habe »Zeltartiges« unterm Rock getragen, hat der amerikanische Skandal-Biograph Gordon Paul (*Stars stripped*) unlängst wissen lassen. Nämlich »fleischfarbene Unterteile aus festem, undurchsichtigen Stoff mit verläßlichem Gummizug«. Einige Liebhaber, Joe DeMaggio und Arthur Miller eingeschlossen, seien darüber herb enttäuscht gewesen. »Aber es war ihr nicht abzugewöhnen.« Kollegin Mae West muß da ganz anders gewesen sein. Sie ließ sich Minislips mit Spitzenbesatz auf den Leib schneidern, gern mit ein paar eingenähten falschen Perlen. Und noch in Amerikas prüdesten Jahren gab sie bekannt, sie liebe es, wenn ein Liebhaber ihr einen solchen Slip mit den Zähnen vom Körper reiße. Ein anspruchsvoller Wunsch, der ihr nach eigenen Angaben jedoch häufig erfüllt wurde. Den Slip durften die bissigen Männer dann behalten. Einer wurde jüngst in Los Angeles versteigert, für nicht ganz dreitausend Dollar, allerdings ohne Echtheits-Zertifikat.
Über Madonna hat Ex-Lover Sean Penn verraten, sie lege privat überhaupt keinen Wert auf Reizwäsche.

Das sei ein trügerisches PR-Image. Man könne vom Verhalten einer Frau nicht auf ihre Unterwäsche schließen, erläuterte der Experte. Das ist vermutlich wahr. Die sittsam auftretende Princess of Wales hat den königlichen Leibwäschen-Schneider in Knightsbridge von Beginn an mißachtet, um statt dessen Raffiniertes, wenn nicht gar Lasterhaftes, aus der Pariser Dessous-Couture zu ordern. Geholfen hat das indes nicht. Fand der Prinzgemahl, Pikantes stehe der Gattin nicht? Fand er es etwa unschicklich? Oder hat er es gar nicht wahrgenommen? Vermutlich letzteres. »Die meisten Männer erinnern sich nicht an die Unterwäsche der Frau, mit der sie zuletzt geschlafen haben«, hat der französische Soziologe Jacques Blier festgestellt, und zwar mit Bedauern, denn seine Umfrage fand im Auftrag der einschlägigen Hersteller statt.

Entsinnen können sich die Männer nach Auskunft Bliers immer nur dann, wenn es etwas ganz Besonderes gab: Durchsichtigkeit, ungewöhnliche Farben, Schnallen und Strumpfbänder, Haken und Ösen. Vor allem die Haken scheinen sich unauslöschlich ins Gedächtnis zu prägen. Blier: »Männer erinnern sich vor allem an solche Dessous, mit denen sie Schwierigkeiten hatten.« Wenn die Strapse sich nicht lösen lassen, wenn die Häkchen des BHs an ungewohnten Plätzen sitzen oder ganz fehlen, wenn Knopflöcher so eng sind, daß das Aufknöpfen unmöglich wird: Das vergessen Männer nie. Zumal dann, wenn die Hindernisse »mit einem Abfall der Spannung einhergehen«, wie Bliers anonyme Befragung zutage gefördert hat.

Hindernisse sollen das Begehren ja normalerweise steigern. Doch bereits der ständig erregte Casanova zählt in seinen Memoiren einige Fälle auf, in denen er wegen der Kompliziertheit von Unterröcken, Tüchern und Leibwickeln schließlich ermattete und verärgert aufgab. Die Bereitschaft der Frauen, sich eilig selbst auszuziehen, habe dann auch nicht mehr geholfen. Hat es am Ende etwa gar keinen Sinn, wenn Frauen sich für Nacht und Liebe in verführerische Kostbarkeiten hüllen? Es kommt sehr darauf an. »Wenn eine Ehefrau sich immer quadratisch, praktisch, gut gekleidet hat und plötzlich mit Reizwäsche auftritt, reagiert der Mann erschrocken«, hat die Fuldaer Partnerberaterin Estera Holtmannspötter erfahren. Denn der Geplagte spürt die Absicht, und er ist verstimmt. Eine langsame, doch stetige Verschärfung der Dessous sei wirksamer, rät die Expertin.

Doch etwas anderes kommt erschwerend hinzu: Mancher lebensfrohe Mann liebt den frivolen Look und den leicht verworfenen Appeal auf Fotos, bei Pin-ups, Models, Appetitanregern, gern auch noch in einer Affäre; bei einer langjährigen Partnerin dagegen findet er die Kostümierung unpassend. Denkt der Mann aber anders, tritt höchstwahrscheinlich der umgekehrte Fall ein: In lustvoller Erwartung schenkt er der Geliebten die delikatesten Stücke, sie aber ist schwer beleidigt. »Sie fragte: Ich genüge dir wohl nicht mehr?« berichtet der Schauspieler Paul Newman über eine so ausgelöste Ehekrise.

Doch auch ein Mann mit viel Feingefühl braucht auf Mißverständnisse nicht zu verzichten. Denn eine Frau in frecher Wäsche ist, siehe Madonna, in Wahrheit womöglich zutiefst unsicher und befangen. Und was sie innerlich als Defizit empfindet, will sie nach außen vielleicht nur überspielen. Warren Beatty, der als Liebhaber etliche, in keinem Guinness-Buch verzeichnete Rekorde beansprucht, hat verlauten lassen, gerade die besonders tugendhaft gekleideten Ladies seien unge-

wöhnlich ausschweifend und unanständig. Möglich.
Aber Verlaß ist auch darauf nicht. Der schwarze
Sex-Rapper R. Kelly, dem das weibliche Publikum bei
Konzerten kistenweise Unterwäsche auf die Bühne
wirft, hat jüngst in einem Interview verraten, er könne
Dessous überhaupt nicht leiden. »Die gehören ledig-
lich zu den vielen überflüssigen Hindernissen, die arg-
listige Frauen einem guten Mann in den Weg legen.«

Ehe. Nach Ansicht führender Kulturhistoriker hat es
die Ehe in vorgeschichtlicher Zeit nicht gegeben. »Die
Partner lebten freiwillig miteinander, und die Paarung
vollzog sich ohne jede Ehepflicht«, schreibt etwa Gun-
tram Jeronimo (*Ehe die Ehe kam*, Berlin 1992). Erste
Ehen gab es offenbar in Ägypten bereits im dritten vor-
christlichen Jahrtausend (Djoser und Sechemchet,
Hochzeit 2660 v. Chr., Scheidung 2653 v. Chr.), dann
auch im alttestamentarischen Judentum (Vielehe bei
Moses 1250 v. Chr.). Von Griechenland griff »das ei-
gentümlichste Gebrechen des Menschengeschlech-
tes« (Aristoteles) dann nach ganz Europa über. Unum-
stritten diente selbst die polygyne Ehe ursprünglich
der Absicherung der Frau und der Kinder. Dieser
Zweck ist seit geraumer Zeit umstritten. »Heute, da
das Scheidungsrecht uns keine Versorgung mehr garantiert, lohnt sich auch die Ehe nicht mehr«, klagte
auf der Frauenwoche 1994 in Bochum die Rechtsexper-
tin und damalige Bundestagsabgeordnete der Grünen,
Isolde Meyer-Abich-Gerstenbrock. »Im Gegenteil:
Neuerdings gibt es mehr und mehr Männer, die sich
von der Ehe Absicherung erhoffen.« Diese Hoffnung
mag es vielleicht bei ahnungslosen Männern geben,
doch wird sie im allgemeinen auf das herbste enttäuscht. »Sie zog mir nicht einmal mehr die Pantoffeln

aus«, klagte nach anderthalb Jahren Ehe der amerikanische Sänger Michael Jackson. »Sie bringt mir jetzt auch sonntags kein Frühstück mehr ans Bett«, berichtete der Boxer Henry Maske bereits ein Jahr nach seiner Heirat. Und »überhaupt kein Geld mehr« bekommt der Kasseler Maschinenschlosser Karl G. von seiner Frau, obwohl die Ehe erst sieben Monate währt (Zitate aus der Anthologie *Opfer erzählen*, München 1996). »Sensible Männer ahnen, daß sie nichts gewinnen und nur verlieren können, und meiden die Ehe von Beginn an«, schrieb der Dramatiker Heiner Müller. »Sie spüren, daß sie nie eine Frau heiraten, sondern ein Wesen, das nach Alleinherrschaft strebt.« Der Biologie-Nobelpreisträger Stanley Cohen rät Männern aus einem genetischen Grund von der Ehe ab: »Sie haben nicht genug Energie, um im häuslichen Machtkampf zu bestehen. Deshalb altern Ehemänner schneller als alleinlebende und vor allem schneller als ihre Frauen.« Zahlreiche Männer versuchen freilich, im Kampf weniger durch Energie als durch List zu bestehen. Goethe hat dazu ein Rezept gegeben. »Eine Frau will herrschen und muß herrschen«, schreibt er in *Die guten Weiber*. »Der Mann muß ihr nur einen Bereich zuweisen, in dem sie unumschränkt regieren kann, so behält er Freiheit und guten Mut.« Leider läßt sich nicht leugnen, daß gerade um den Herrschaftsbereich ein harter Kampf entbrennt, der oft nach Jahrzehnten noch nicht ausgefochten ist. Friedrich Dürrenmatt antwortete auf die Frage, welche kriegerische Leistung er am meisten bewundere: »Meine Ehe.«

Ehefrau. Bezeichnung für die eine Hälfte der Ehe, die andere wird durch den Ehemann gestellt. »Ehefrau wie Ehemann existieren erst seit der Ehe«, hat der wilhelminische Anthropologe Hans Gottlieb Fischer bereits 1872 ermittelt. Diese scheinbar selbstverständliche These hat inzwischen vehementen Widerspruch hervorgerufen. Auf dem internationalen Forum *Woman or Wife?* (Philadelphia 1993) vertrat der Evolutionsforscher George Davis Crow die Ansicht, zunächst sei die Ehefrau dagewesen. Sie habe die Ehe zur eigenen Absicherung erfunden. »Der Mann wurde von dieser Erfindung überrumpelt«, klagte Crow. »Und er wird bis heute überrumpelt.« Allein aus Angst erkläre ein Ehemann seine Frau zur »besseren Hälfte«. Etwas weniger überzeugend fiel die Beweisführung der damaligen Präsidentengattin Hillary Clinton aus, ein Ehemann erkläre seine Frau zur besseren Hälfte, »um sich desto ungestörter und ohne Schuldgefühle als schlechtere Hälfte aufzuführen«. Gerade männliche Schuldgefühle aufrechtzuerhalten, ist nach Ansicht der Münchener Eheberaterin Bettina Pauly »die wichtigste und machtvollste Waffe der Ehefrau«. Vergeblich flehte der konservative Papst Johannes Paul II. im Sommer 1995, die Ehefrau möge »im Stande des duldsamen Wesens« verharren. Aus diesem Status ist die mitteleuropäische Ehefrau in der zweiten Hälfte des 20. Jahrhunderts privat wie öffentlich unwiderruflich hinausgewachsen. Die frühere Bundestagspräsidentin Rita Süßmuth forderte noch jüngst alle Ehemänner auf, diese Veränderung zu begrüßen. Jahrhundertelang, vermerkte Frau Süßmuth, sei die Ehefrau für den Ehemann »eine nie versiegende Quelle der Furcht« gewesen, »weil sie die nach außen getragene Duldsamkeit durch einen entschiedenen Herrschaftsanspruch im privaten Raum kompensierte«. Mit dem Ende der Duldsamkeit sei auch das Ende dieser heimlichen Diktatur gekommen. Frau Süßmuth: »Keine Ehefrau steht

heute mehr mit dem Nudelholz hinter der Tür, wenn
der Mann zu spät nach Hause kommt. Denn sie ist
selbst noch unterwegs.« Neuere Untersuchungen bestätigen das. Demnach pflegen mehr als 28 % der Ehefrauen außereheliche Kontakte. Bei diesem Umgang
erlernen sie überraschende Techniken und Praktiken,
welche sie – nicht immer zur Freude des Ehemannes –
meist auch in die eigene Ehe einbringen. Frau Süßmuth: »Zu diesen Praktiken zählen Nähen, Kochen,
Waschen. Viele Ehefrauen wirken heute auf diese
Weise segensreich.«

Ehemann. Ein Skandal ließ im August 1995 die Bun-
deshauptstadt aufhorchen. Unter lebensbedrohlichen
Umständen hatte der wenig später entlassene Staats-
sekretär Kurt Krepp eine Statistik aus dem Familienmi-
nisterium geschmuggelt, die von mindestens zwei Mi-
nisterinnen (Merkel, Nolte) jahrelang unter Verschluß
gehalten worden war – und das gewiß nicht zufällig.
Der geheimen Untersuchung zufolge haben Ehemänner eine sieben Jahre geringere Lebenserwartung als
unverheiratete Männer! Der verheiratete Krepp hat
dieses Ergebnis inzwischen leider unfreiwillig bestä-
tigt: Kurz nach seiner uneigennützigen Tat verstarb er
unter ungeklärten Umständen. Die alarmierende Statistik indes konnte der Öffentlichkeit nicht mehr vorenthalten werden. »Weshalb die geringe Lebenserwartung?« fragte die *Süddeutsche Zeitung* und forderte
sieben renommierte Wissenschaftler zu einer Stellung-
nahme auf. Daß nur einer von ihnen zu antworten
wagte, muß als schlimmes Zeichen für den Zustand unserer Gesellschaft betrachtet werden. Dieser eine hielt
es überdies für angezeigt, sich hinter einem Pseud-
onym zu verbergen. Unter dem Namen *Pantalone*

nannte er folgende Gründe für den frühen Tod der
Ehemänner: »1. Sie müssen der Ehepflicht genügen,
ohne im fortschreitenden Alter dafür gerüstet zu sein.
2. Sie müssen Bezeichnungen wie Pantoffelheld, Alter,
Jammerlappen, Schlappschwanz erdulden, Demüti-
gungen also, welche den Lebenswillen auch des Tap-
fersten trüben. 3. Sie müssen sich im Beruf bewähren,
am Abend aber als Heimchen am Herd fungieren, welches auf einem Arm zwei Kinder sitzen hat und mit der
anderen Hand Staubwedel, Topflappen und Garten-
schere bewegt. Das zehrt. 4. Viele Männer glauben inzwischen an die Reinkarnation und scheiden früh aus
dem Leben, weil sie sich eine Wiedergeburt als Frau
erhoffen.« Die Autoren dieses Handbuches teilen diese
pessimistische Einschätzung nicht. Sie folgen dem berühmten Wort des Mainzer Domprälaten Kurt Zeh-
mann: »Ich nähme jede Lebenserwartung, und auch
die geringste, in Kauf – für das unschätzbare Glück, als
Ehemann mit einer Ehefrau in der Ehe verbunden zu
sein.«

Ehepflicht. Pflicht des Ehemannes, die Ehe körperlich
zu vollziehen. Die entsprechende Pflicht der Frau
wurde formell 1953 abgeschafft, hat allerdings nach
Auffassung des Soziologen Kurt Bronstein nie bestan-
den. »In Gesetzestexten wie auch in ratgebenden
Schriften ist seit dem 17. Jahrhundert immer nur von
einer Pflicht des Mannes die Rede«, erläutert Bronstein
in seinem Grundlagenwerk *Die Weiblichkeit der Ehe*
(Köln 1979). »Es liegt in der Natur, mehr aber noch an
dem schwer wägbaren Faktor Gewöhnung, daß der
Ehemann dieser Pflicht mit den Jahren immer weniger
nachzukommen vermag.« Ob er es nun eingesteht
oder ableugnet: Allmählich reift in ihm die Gewißheit,

vor dieser Pflicht mehr und mehr zu versagen. Auf diesem Versagen baut dann die Ehefrau ihre wachsende
Macht auf, die jenseits der Lebensmitte diktatorische
Formen annehmen kann. »An nichts muß unserer Zeit
dringender gelegen sein«, schrieb der 101jährige Denker Ernst Jünger, »als an der Abschaffung der Ehepflicht.«

Eifersucht. Richard Burton bekannte sich zeitlebens zu
seiner Eifersucht. Federico Fellini behauptete, er
kenne so ein Gefühl nur von seiner Frau. Thomas
Mann war eifersüchtig auf den Freund eines Kellners.
Erich Kästner auf den Mann seiner Mutter. Konrad
Adenauer auf den Dobermann seiner Frau. Der Poet
Paul Verlaine schoß aus Eifersucht auf seinen Gefähr-
ten Rimbaud. Der Ölmillionär Scott McGregory erschoß aus Eifersucht sich selbst.
Glauben wir der gesamteuropäischen Kriminalstatistik
des Jahres 1995, so geschehen vier Fünftel aller Morde
von Männerhand, das jedenfalls ist die Aufklärungs-
quote. Von diesen Morden geschehen die meisten aus
Habgier, immerhin ein Viertel jedoch aus Eifersucht.
Männer neigen dazu, entweder den Liebhaber ihrer
Frau umzubringen (Südeuropa) oder aber die Frau
selbst (in Nord- und Mitteleuropa), manchmal auch
beide zugleich (USA). Allerdings gibt es auch den um-
gekehrten Fall. Der ehemalige Film- und Footballstar
O. J. Simpson trauert »bis ans Ende meines Lebens«
um den Tod seiner Frau und ihres Liebhabers von un-
bekannter Hand. Und Enrico Caruso bekannte sich öf-
fentlich zum »Mitleid mit dem Liebhaber meiner
Frau«, wobei er offenließ, weshalb er fand, »daß der
Mann verdammt arm dran sein muß«.
Grundsätzlich ist Eifersucht eine Verlustangst. Wäh-

rend bei Frauen hinzukommt, daß sie eine List der Rivalin befürchten, mischt sich bei Männern die Angst vor dem Vergleich dazu, und zwar vor dem Vergleich mit der materiellen oder sexuellen Leistungsfähigkeit des Rivalen. Diese Angst kann so unerträglich werden, daß Männer auf ungewöhnliche Auswege sinnen. Winston Churchill zog, um seine Eifersucht zu heilen, in den Burenkrieg. Anselm von Canterbury wurde Mönch, um nicht »wegen der Weiber ewig in Eifersucht zu entbrennen«; er entbrannte statt dessen um seine Mitbrüder. Der amerikanische Ingenieur Neil Conwell wurde Astronaut, »um nie mehr auf diese sündige Erde zurückzukehren«, was dann, allerdings durch einen technischen Fehler, auch in Erfüllung ging.

Frauen müssen also vorsichtig sein, wenn sie ihren Partner eifersüchtig machen wollen, um seine Leidenschaft anzufachen. Vorübergehend mag das gelingen, auf Dauer wird es peinigend für beide. Bei produktiven Geistern führt die Eifersucht überhaupt nicht zu verstärkter Leidenschaft, sondern zu verstärkter Kreativität. Picasso malte aus Eifersucht Bilder seiner Geliebten, »um sie festzuhalten«. Mozart komponierte aus Eifersucht die Oper »Così fan tutte«. William Shakespeare schrieb aus Eifersucht Sonette, Georges Simenon Kriminalgeschichten, zwei bedeutende deutsche Autoren schrieben dieses Buch.

Einkaufen. Der stets zu Scherzen aufgelegte Vicco von Bülow erlebt das Einkaufen als »Opfergang«. General Norman Schwarzkopf, Sieger des Golfkrieges, erlebt den Besuch von Herrenbekleidungsgeschäften als demütigende Niederlage; für schmucke Anzüge sind seine Beine zu kurz und die Hüften zu füllig. Yoga-Geiger Yehudi Menuhin soll beim Kauf von Schuhen die buddhistische Gelassenheit verlieren. Der angeblich humorige Heinz Rühmann war in Münchner Hemdenläden als notorischer Grantler gefürchtet. Tom Waits wird depressiv, wenn er sich neu einkleiden soll. Albert Einstein trug aus diesem Grund tagtäglich dasselbe.

Das Einkaufen, vor allem von Kleidungsstücken, ist für viele Männer Anlaß für Nervosität und Krankmeldungen. Zwar nicht für alle: Schmalzlocke Julio Iglesias könnte »den ganzen Tag in Men Shops« verbringen. Thriller-Autor Ken Follet findet die diskrete Atmosphäre zwischen Kaschmir-Sakkos und Designerkrawatten stimulierend für seine Ideen, die allerdings stets Mord-Ideen werden. Und Neu-Bond Pierce Brosnan würde »am liebsten in einer großen Boutique wohnen«, freilich in einer für Frauen, mit durchsichtigen Spiegeln in den Umkleidekabinen. Doch die meisten Männer ergreift in solchem Ambiente eine bange Beklommenheit. Es ist die Scheu vor dem Auswählen und Anprobieren, vor den drängenden Empfehlungen des Personals und dem Blick in den Spiegel, vor den Zeugen im Laden und schließlich vor der geforderten Entscheidung.

»Wenn diese Entscheidung einem Mann abgenommen wird, ist er überglücklich«, lehrt der Düsseldorfer Marketing-Professor Joachim Sbierski. »Eine freundliche, doch entschlossene Verkäuferin kann einem unsicheren Mann die ganze Boutique verkaufen.« Vorausgesetzt, er kommt allein. Denn auch den Marketing-Strategen ist aufgefallen: Wird der Mann von einer Frau begleitet, schwindet der Einfluß der Verkäuferin. Handelt es sich bei der Begleiterin gar um seine eigene Frau, ist das Personal völlig machtlos. Empfehlung des Gelehrten: »In Anwesenheit der Gattin äußert das Personal tunlichst keine eigene Meinung, sondern bietet an, nickt und schweigt.« Wir wissen indes, daß es in einigen Geschäften der Fifth Avenue regelmäßig zum Streit zwischen Verkäuferinnen und einer Ehefrau kam, und zwar Ende der siebziger Jahre. Peace-Verkünder John Lennon nämlich nutzte abweichende Empfehlungen von Verkäuferinnen, um sich flugs auf deren Seite zu schlagen und Spitzen gegen die begleitende Frau Yoko abzuschießen, der er sonst heillos unterlegen war.

Es ist aber genau diese Unterlegenheit gegenüber Frauen, die dem Mann das Einkaufen vergällt. »Nirgendwo sonst ist er dem Geschmacksdiktat des weiblichen Geschlechts so schutzlos ausgeliefert wie im Reich der Bügel, Spiegel und Kabinen«, schrieb der Philosoph Walter Benjamin in seinem Werk über die Pariser Passagen. Wohlgemerkt: Wir reden hier nicht davon, daß ein Mann seine Frau oder Freundin oder gar seine Mutter zum Einkaufen begleiten muß, weil die angeblich seine Beratung wollen. Sein Rat ist gar nicht erwünscht; sie genießen das Drehen und Wenden, wissen schon, was sie wollen, und möchten lediglich seine Bestätigung, daß sie gut aussehen. Nein, wir reden hier davon, daß der Mann selbst etwas kaufen will oder kaufen soll, etwas für sich: eine neue Hose oder ein paar Schuhe, einen Mantel, ein Jackett. Womöglich äußert er die Ansicht, das alte sei noch gut genug; das wird ihm dann als Bequemlichkeit oder schlechter Geschmack ausgelegt. Wahrscheinlich aber würde er gern etwas Neues haben, nur scheut er den Aufwand. Er geht nicht gern in die Stadt, jedenfalls nicht zu diesem Zweck. Zwar befinden sich Herrenabteilungen stets im Parterre der Läden und immer nahe der Eingangstür, weil dem Mann der schwere Gang

möglichst leicht gemacht werden soll. Doch er betritt
nicht gern Geschäfte, in denen ihm unverzüglich eine
parfümierte Dame oder ein gestutzter Herr sehr nahe
treten und mit durchschaubarem Lächeln nach Wün-
schen fragen, die er nicht korrekt benennen kann, und
nach Größen, die er nicht kennt. Eine italienische Fünf
ist kleiner als eine britische Fünf, beide unterscheiden
sich wieder von der französischen und erst recht von
der amerikanischen Fünf, die möglicherweise mit der
deutschen 98 identisch ist. Er lernt das nie. Er ist ausgeliefert.

Also eine Hose? Die Verkäuferin schätzt ihn mit einem
unangenehmen Blick ab, er zieht den Bauch ein; dennoch nennt sie eine Größe, die eigentlich viel beleibte-
ren Herren zusteht. Aber vielleicht ist es schon so weit
mit ihm? Nun soll er in die Kabine. In schlechteren Geschäften darf er dorthin »höchstens drei Hosen auf einmal« mitnehmen. In besseren steht in der Ecke ein
Schuhlöffel. Denn die Schuhe muß er nun ausziehen
und das alte Beinkleid auch, dessen peinliche Schäbig-
keit auf einmal schmerzhaft ins Auge sticht. Er quält
sich in die neue Hose, obgleich er schon merkt, daß sie
zu eng ist; er nimmt sich vor abzunehmen. Dann die
Schuhe wieder an, sie müssen nicht unbedingt zuge-
bunden werden. Aber merkwürdig, selbst mit Schuhen
erscheint die Hose überlang. Es ist ihm ja schon mal
gesagt worden, er habe kurze Beine. Dustin Hoffmann
hat noch kürzere Beine und ist trotzdem ein Star. Napoleon hat kurzbeinig die Welt erobert. Paßt die Hose?
Er betrachtet sich im Kabinenspiegel und weiß nicht
genau. Er muß raus.

Falls er mit Frau oder Freundin gekommen ist, fragt die
bereits ungeduldig durch den Vorhang oder zieht den
schon ein Stück beiseite, um entsetzt auszurufen: »Oh,

Gott! Wie siehst du denn aus? Paßt überhaupt nicht! Zieh die andere an!« Peinlich. Falls er aber allein gekommen ist, wird er sich jetzt der Verkäuferin präsentieren müssen und notgedrungen den anderen Kunden, die nichts Besseres zu tun haben, als ihn anzustarren und sich ihr Teil zu denken. Frauen genießen diesen Augenblick als Auftritt; sie stellen sich gern in neuen Kleidern dar, sie drehen sich, tänzeln, genießen, heischen nach Beifall und erwarten Triumph. Mit festem Schritt gehen sie auf den großen Spiegel zu, den er jetzt nicht finden kann. Er fühlt sich zur Schau gestellt wie ein Affe auf dem Jahrmarkt. Er schielt zurück nach der Kabine. Ob unterdessen jemand klaut? Die Verkäuferin beäugt den Sitz der Hose etwas zu genau; so unverhohlen und kritisch sieht niemand sonst auf diese Stelle. Sie macht eine aufmunternde Bemerkung, hinter der er abschätzige Gedanken über seinen Körper ahnt. Warum hat er auch nicht öfter trainiert? Oder wenigstens weniger gegessen? Marlon Brando hat es natürlich nicht nötig, in solche Geschäfte zu gehen.
Die Verkäuferin sagt: »Die steht Ihnen gut! Toll! Aber vielleicht sollten wir eine Nummer größer nehmen. Die italienischen fallen immer so eng aus.« Für den letzten Satz ist er ihr dankbar. Er wäre jetzt bereit, die nächstgrößere Nummer ohne peinigendes Anprobieren einfach so von der Stange zu kaufen. Er schlägt das vor. Die Verkäuferin sagt: »Aber wir müssen die Länge noch abstecken.« Als sie sein schmerzhaftes Zucken bemerkt, erläutert sie: »Man macht die Hosen heute ja absichtlich zu lang, die müssen immer gekürzt werden.« Er ist erleichtert. Dann nimmt er gleich zwei Hosen von dieser Sorte. Und wenn der Verkäuferin noch etwas einfällt wie: »Sie können fast alles tragen, das

sieht ja eigentlich alles gut an Ihnen aus!« oder »Das
paßt in der Farbe schön zu ihren Augen!«, dann kauft
er in diesem Laden den Vorrat für ein Jahrzehnt zusammen.

Frauen gegenüber könnte sie solche Lügen nicht aufti-
schen. Die wissen über ihre Defizite genau Bescheid
und reagieren auf Komplimente mit Argwohn. Aber er
ist hier ein kleiner Junge und muß wieder aufgebaut
werden, damit er sich als Mann fühlt. Wenn sie das vermag, hat er noch beim letzten Ladenhüter das Gefühl,
glänzend eingekauft zu haben. Mehr noch: das Gefühl,
akzeptiert worden zu sein – mit seinem Geschmack
und mit seinem Körper. Die Verkäuferin mochte ihn.
Ihn als Mann. Sie hatte was für ihn übrig. Da knisterte
was. Im übrigen hat sie gleich erkannt, daß er grundsätzlich keine herabgesetzte Ware kauft, weil
Schnäppchenjagd unter seiner Würde ist. Oder sie hat
erkannt, daß er auf alles scharf ist, was mit einem roten
Preis ausgezeichnet ist, weil er clever ist und sich nicht
alles andrehen läßt. Sie hat in jedem Fall seinen
Scharfsinn und seine Entschlossenheit gewürdigt.
Wenn sie es also gut macht, merkt er gar nicht, was er
in Wahrheit ist: ein Fashion Victim. Ein Opfer. Ein Opfer allerdings nicht so sehr der Mode als vielmehr der
Freundin oder der Gemahlin oder eben der Verkäuferin. Da hilft, siehe Menuhin, auch der Buddhismus
nichts. Was sagte vielmehr General Schwarzkopf?
»Eine Niederlage.« Und von Bülow? »Ein Opfergang.«
Ja, auch hier ist der Mann wieder einmal und nicht
zum letztenmal ein Opfer der Frauen.

Ejakulation. »Nun hast du nur noch drei Schuß!« sagte
die Fee, bedankte sich und verschwand. James Joyce
erwachte. Er notierte die skurrile Erscheinung. Zum

Zeitpunkt dieses Traumes war er 54 Jahre alt, »kein Alter für einen irischen Wüstling«, wie er gern sagte, und doch schaute er angstvoll in die Zukunft. Und die Fee behielt recht. Nach diesem Traum, so berichtet der Privatsekretär Henry O'Donnell, hat Joyce noch dreimal eine Frau oder wenigstens sich selbst glücklich machen können. »Danach war Stille. Er konsultierte Ärzte. Einer, dem er den Traum erzählte, sagte ihm: Dann haben Sie Ihr Kontingent offenbar verbraucht.«

Das ist natürlich Unsinn. Es gibt kein Ende der männlichen Zeugungskraft. Vor allem gibt es keine von vornherein befristete Anzahl von Ejakulationen. Das ist ein Märchen, das aus alter Zeit bis ins 19. Jahrhundert überliefert wurde, von antiken Sittenwächtern erfunden, von der Kirche gierig aufgenommen und verbreitet, von prüden Vätern noch bis in die sechziger Jahre an pubertierende Söhne weitergegeben. Der katholisch erzogene Joyce muß ein Opfer dieser Suggestion geworden sein.

Aber seltsam: Kaum ist der dumpfe Aberglaube ausgerottet, kehrt er mit frischer Kraft zurück. Diesmal aus dem spirituellen Osten. Kundalini-Meister, Tantra-Lehrer, Taoisten – sie alle lehren, daß die libidinöse Energie begrenzt sei. »Maßhalten«, empfiehlt der Berliner Tantra-Lehrer Caspar von Hülsen. »Sonst kommt das vorzeitige Aus.« Die Chinesin Gong Ling Xu, die mit ihrem Kurs »Sexualität und Qi Gong« durch Deutschland reist, rät Männern: »Jenseits der Dreißig einmal pro Woche, jenseits der Vierzig nur alle zwei Wochen, sonst drohen vorzeitiges Altern und Impotenz.« Der amerikanische Kundalini-Experte John Selby hat aus Indien die Weisheit des »Ejakulierens nach innen« mitgebracht und kennt von Yogis die Technik, »verlorenen Samen wieder aufzusaugen«, selbstredend mit dem Penis. Und der kurzsichtige Autor dieser Zeilen erfuhr auf einem sogenannten Augen-Seminar: »Wenn Sie weniger ejakuliert hätten, bräuchten Sie jetzt keine Brille zu tragen.«

Hopi-Schamane Shining Arrow, sonst mit Regenmachen beschäftigt, warnt in einem Werk über indianisches Triebleben vor dem Ende der Ressourcen: »Der Weiße Mann verschleudert seine Energie gedankenlos. Deshalb verfällt er früh, büßt die Klarheit der Sinne und des Verstandes ein und schleppt sich enttäuscht seinem Ende zu.« Frauen hingegen, doziert der Experte, verlieren beim Geschlechtsakt keine Kraft, im Gegenteil, »sie gewinnen jedesmal dazu«. Daher die vielen fröhlich schlemmenden Witwen in den Cafés. Sie haben gewonnen. Sie feiern.

Und wir? Müssen wir jetzt schleunigst zu zählen beginnen? Hatte Goethe etwa recht? Knapp achtzigjährig belehrte er seinen getreuen Eckermann, »die Atemzüge eines Mannes sind bemessen wie auch seine Lendenkraft; mag der Bronnen auch bei jedem verschieden tief sein, einmal ist er doch ausgeschöpft. Den Zeitpunkt erkennt niemand im voraus, weshalb ich selbst schon früh sehr sparsam geworden bin.« Wie früh eigentlich? Können wir davon lernen? Und wieso: Niemand kennt den Zeitpunkt? Das ist schlicht falsch. Manche kannten ihn ganz genau.

Der mittelalterliche Theologe Thomas von Aquin gönnte dem Mann genau 3743mal, denn das sei »die Zahl des Universums«. Philosoph Leibniz rechnete nach und kam auf »mit Gottes Willen 7500«. Das reiche immerhin für jeden zweiten Tag, und zwar vierzig Jahre lang. Mathematiker Gauß war der Ansicht, es könne sich nur um eine Primzahl handeln, und begann eine Strichliste zu führen; die ist zwar überliefert und endet bei 7913, aber niemand weiß, ob dem Gelehrten nicht einfach nur die Lust am Zählen vergangen ist. Vielleicht ging es ihm auch lediglich darum, Leibniz zu überflügeln.

Jedenfalls steigerten sich die zugeteilten Portionen mit den Epochen, bis der Biologe David Strauß im 19. Jahrhundert zu dem Schluß kam, es gebe überhaupt kein natürliches Ende der Produktion. Dafür wurde er vom Papst sogleich mit einem Bannfluch belegt und auf den Index gesetzt, was das Fortleben des Ammenmärchens in der Provinz und im Irland des James Joyce begründen mag. Doch nun geht es mit den Zahlen wieder abwärts, das Märchen kehrt zurück – als östliche Weisheit und gar als Wissenschaft. Denn von der britischen Genetikerin Julie Wheelhouse wird die These von den abgezählten Rationen unterstützt. Freilich sei das Quantum individuell sehr unterschiedlich.

Und nun weiß kaum jemand, ob er, wie Kant, in seinem Leben nur dreizehnmal kommen wird, und das stets im Schlaf, aber immerhin primzahlgerecht. Oder ob für ihn, wie für den italienischen Poeten d'Annunzio, »keine Zahl unter einer Million« in Frage kommt. Verdächtig ist jedenfalls, daß die wissenschaftliche Beweisführung von einer Frau kommt. Hier soll der männlichen Furcht vor der Ejaculatio praecox offenbar noch eine Furcht vor der Ejakulation überhaupt beigesellt werden. Die Autoren dieses Bandes können erste Konsequenzen leider nicht abstreiten.

Erektionsschwäche. Begriff, den der italienische Architekt Giorgio Vasari im Jahre 1568 für den schiefen Turm von Pisa prägte. Im herrlichen Italienisch der Renaissance: Il torre non ha forte d'erectione. Der Begriff galt lange als ausgestorben. Jüngst ist er jedoch wieder in die Diskussion gekommen durch die bundesweite Plakat-Aktion »Wir kennen keine Erektionsschwäche«, die von zahlreichen Prominenten unterzeichnet wurde, darunter von dem Wiener Bildhauer Alfred Hrdlicka, dem Tübinger Denker Walter Jens und der nordelbischen Bischöfin Rainer Maria Jepsen. Die Organisation Greenpeace rief gleichzeitig zu einer Briefaktion an das Bundesgesundheitsministerium auf; bis Jahresmitte 1996 gingen dort Postkarten mit der Aufschrift »Ich bin nicht erektionsschwach« von über hunderttausend Bürgern und einer Bürgerin ein. Die katholische Kirche veranstaltet alljährlich in der Vorweihnachtszeit eine Straßensammlung »Für unsere Erektionsschwachen«. Siehe leider auch Impotenz.

Erfolg. Im allgemeinen, lehrt der Medizin-Nobelpreisträger Otto Warburg, »entspricht der körperliche Erfolg dem beruflichen.« In einem Interview mit der New Yorker *Village Voice* hat Melanie Griffith durchblicken lassen: Als sie ihren Ex Don Johnson kennenlernte, war der noch kein großartiger Mann. »Er sah schon gut aus, klar, aber wurstelte als kleiner Charge in B-Filmen herum. Und als Liebhaber war er, na ja. Doch dann ging's los. Don kam ganz groß raus. War auf einmal wer. Grinste von jedem Titelblatt. Und prompt wurde er ein großartiger Liebhaber.« Was er zwischendurch auch anderen Frauen bewiesen hat (Farrah Dawn: *The sixty wifes of Dr. Johnson*, Los Angeles 1993).
Auch umgekehrt scheint der Mechanismus zu funktionieren. Von Immobilien-Mann Donald Trumpf berichteten Frauen erotische Wunderdinge – solange er siegreich war. Als jedoch ein paar ganz große Deals scheiterten, »hat es sich«, nach Auskunft von Ex-Gattin Ivana süffisant, »auch anderswo abwärts geneigt.«

Nachprüfen läßt sich das kaum. Aber es fällt auf, daß zum Beispiel Bernard Tapie, einst Baby-Boomer in Paris, europäisches Erfolgsidol und Ladykiller, nach seinen Konkursen nur mehr von seiner Mutter umworben wird. Daß hingegen Akio Morita, Gründer, Ideengeber und bis vor kurzem unumstrittener Chef von Sony, noch im Greisenalter als vielbewunderter Liebhaber galt.

»Erfolg«, sagt der Braunschweiger Sexualwissenschaftler Dr. habil. Dieter Roser, »macht potent. Mit jeder Bestätigung von außen, mit jedem Sieg im Studium oder Beruf, im Sport oder an der Börse wird der Mann lockerer, ungezwungener, selbstbewußter – genau das, was er auch im Bett sein muß, um ein guter Liebhaber zu sein.« Das ist die psychische Seite. Es kommt aber noch etwas Physiologisches hinzu: Erfolg kurbelt die Produktion von Sexualhormonen an. Jeder Triumph, jedes Gelingen, jeder Gewinn läßt das Testosteron quellen. »Und warum?« fragt Otto Warburg. »Weil die Natur es so will. Es ist das grundsätzliche Ziel der Evolution, einer Spezies zum Erfolg zu verhelfen. Daher müssen diejenigen Mitglieder einer Art sich am stärksten vermehren, die den größten Erfolg haben.« Deshalb bekommen sie den Potenzkick. Ist es so einfach? »Sollen denn diejenigen, die keinen Erfolg haben«, fragte unlängst der Ur-Kommunarde Fritz Teufel, »sich gar nicht vermehren? Ist Mutter Natur tatsächlich dermaßen leistungsorientiert?«

Ja, das ist sie. Federico Fellini hielt sich für impotent, bis er in einem Kino miterlebte, wie sein erster Film bejubelt wurde. Und dann ging es los! Bis an sein Lebensende – denn so lange blieb der Erfolg ihm treu – betätigte sich der Meisterfilmer rastlos als Liebhaber, zur Freude der Frauen, wie er unwidersprochen behauptete, und zum Stolz seiner angetrauten Giulietta Masina, die ihm dafür selbstlos Lob spendete. Jenseits des Atlantik hatte der Schauspieler Leslie Nielsen »so gut wie kein Sexualleben«, bis er als Lieutenant Frank Drebin alias *Nackte Kanone* zum Superstar wurde. Dazu mußte er die Fünfzig erreichen, eigentlich nicht das potenteste Alter, aber »seither weiß ich, wie eine Kanone funktioniert«.

Erfolg und Erotik scheinen so eng gekoppelt, daß die britische Psychologin Joan Ritchie es für angebracht hielt, ein Buch unter dem Titel »Sexcess« zu schreiben – einem schwer übersetzbaren Mix aus »Sex«, »Excess« und »Success«. Sie weist nach, daß bei Männern viel stärker als bei Frauen die erotische Performance davon abhängt, ob es auch sonst klappt. Ritchie: »Ein Mann, der Erfolg hat, fühlt sich im Fluß des Lebens. Er kann sich hingeben, er kann sich Zeit lassen, er hat soviel Vertrauen, daß er auf die Wünsche der Frau eingehen kann. Ein Mann, dem die Erfolge vorenthalten bleiben, wird dagegen ängstlich. Er hat das Gefühl, etwas mit ihm sei nicht in Ordnung. Das ist Gift für die Liebe. Erfolglose Männer werden nicht notwendigerweise impotent – aber sie sind schlechte Liebhaber. Sie reagieren ihren Frust im Bett ab. Sie sind potentielle Vergewaltiger.« Joan Ritchie untermauert diese Thesen mit handfesten Statistiken.

Doch es gibt Gegenbeispiele. Der amerikanische Milliardär Randolph Hearst erlebte nach Auskunft seiner Angestellten »nicht den Funken eines Liebeslebens«. Wilhelm II. wurde zum deutschen Kaiser gekrönt, was durchaus ein gewisser Erfolg war; seine Erotik hingegen wird von Biographen als nicht existent beschrieben. Ein umgekehrter Fall ist Charles Bukowski. Als der Poet und erklärte Alkoholiker im Greisenalter seinen Durchbruch erlebte, befand er sich nach eigener Auskunft »längst im seligen Stadium der Impotenz«. Bis dahin war er seit früher Jugend beruflich von Mißerfolg zu Mißerfolg geeilt, hatte dabei jedoch unermüdlich die Frauen beglückt. Wie ist das zu erklären? »Ganz einfach«, behauptet der Experte Dieter Roser. »Randolph Hearst hat an seinen Erfolg nie geglaubt. Er traute ihm nicht. Noch als er hundert Millionen auf der Seite hatte, fürchtete er sich vor Mißerfolg, und verbarrikadierte sich. Anders, aber ähnlich, Wilhelm II. Der meinte, er habe den Erfolg nicht verdient. Er hatte ihn ja lediglich geerbt. Das wurmte ihn und nährte Minderwertigkeitsgefühle, tödlich für die Potenz.« Das mag man akzeptieren. Doch Bukowski? »Der hatte die Begabung, bereits kleinste Erfolge als Siege zu feiern – etwa wenn ein Kollege ein Gedicht von ihm lobte. Er sah Erfolge, wo andere überhaupt nichts oder sogar Niederlagen gesehen hätten – und das machte ihn stark.« Das ist wichtig zu wissen. Es entspricht den berühmten »Regeln für die wohltätige Hausfrau«, die Berta von Suttner im Jahre 1906 aufgestellt hat. »Regel Nummer 1: Männer, die ihren Erfolg in vollen Zügen genießen, sind auch gute Liebhaber. Männer, denen ihr Erfolg nur Angst vor dem Abstieg macht, versagen im ehelichen Gemach. Regel Nummer 2: Der Erfolg ist nicht unbedingt am Konto abzulesen. Er liegt auch im Auge des Betrachters. Und Regel Nummer 3: Darum kann die wohltätige Hausfrau ihren Mann zu einem guten Liebhaber machen, wenn sie seine Erfolge fördert. Das tut sie, indem sie ihn auf jeden Erfolg – und sei es anfangs auch der kleinste – aufmunternd hinweist.« Ein Mann, glaubt Frau Suttner, erkenne oft die eigenen Stärken nicht. Wenn eine Frau sie ihm bewußt mache, gebe sie ihm Kraft in jeder Beziehung.

»Frauen, die Männer zur Karriere anspornen, bekommen gute Liebhaber.« Alle anderen sind selbst schuld.

Figur. Die männliche Figur galt Philosophen von jeher als »das Ideal des menschlichen Körpers« (Platon), wenn nicht gar als »ideale Form der Schöpfung überhaupt« (Descartes), ja, als »Ziel allen Strebens« (Oscar Wilde). Gleichwohl gibt es Erscheinungen an dieser Figur, die Männern zu schaffen machen und ihnen Furcht einflößen. Orson Welles brauchte zweimal im Jahr eine neue Hose. Nicht, weil er die alte durchgesessen hätte. »Nein, er wuchs so schnell«, teilte zehn Jahre nach dem Tod des Regisseurs sein Schneider Pierre Rénier mit. »Und er wuchs immer in die Breite.« Das kommt auch bei Frauen vor, bei Männern aber leider ebenfalls, zumal bei hemmungslosen Prassern wie Welles. Doch sein Fall hat etwas Besonderes. »Als er das erstemal zu mir kam«, erzählt Rénier, »brachte er einen zerfransten kleinen Stoffetzen mit. Den mußten wir am Bund in die neue Hose nähen.« Was war das wohl für ein Fetzen? Ein Namensschild? Der Schriftzug ›Rosebud‹? »Es handelte sich um das Größenetikett seiner College-Jeans. Er hatte es Jahrzehnte zuvor herausgetrennt. Demnach muß er einmal mit 31 Zoll Taillenweite ausgekommen sein.« Und das wollte er auch weiter. Der Schneider mußte das alternde Schildchen fortan in jede neue Hose des Schwergewichtlers einnähen und im Laufe der Jahre auch ein paarmal diskret ersetzen, mit den traditionellen Werten, versteht sich.
Wir wissen nicht, was der große Orson von dieser kleinen Lüge hatte. Wir wissen allerdings, daß er nicht der einzige Mann ist, der die wahren Daten seines Körpers fälschte oder immer noch fälscht und gefälschte Daten in Umlauf bringt. Jeremy Irons teilt mit Cary Grant den

Wahn, sein Kopf sei zu klein. Grant nutzte speziell angefertigte Hüte, um das Hirnvolumen optisch zu vergrößern. Jeremy erreicht den gleichen Effekt mit Hilfe eines kundigen Friseurs, der die Haare aufplustert. Das freilich geschieht heimlich.

Denn daß Männer die Furcht hegen, ihre Figur entspreche nicht den idealen Maßen, geben sie ungern oder überhaupt nicht zu. Und ihre Kosmetiker, Schneider, Ärzte, Trainer schweigen. Nicht einem indiskreten britischen Schuhmacher, sondern einer Freundin von Mrs. Annette Bening Beatty verdanken wir die wertvolle Information, daß der schöne Warren seine Füße zu ausladend findet. Größe 46. Ein kunstreicher Schuster ist stets damit beschäftigt, das Schuhwerk auf damenhafte Grazilität zu trimmen. Und das alles sind Prominente! Wie sehr müssen all jene leiden, die nicht den Trost des Oscar-Reigens und der kostenlosen Groupies genießen?

»Männer leiden nicht so sehr an körperlichen Unzulänglichkeiten«, behauptet der Hamburger Kultursoziologe Andreas F. Kracke. »Sie verstecken sie einfach. Was ihren Körper betrifft, sind sie Meister im Ignorieren. Wenn sie etwas entdecken, was ihnen nicht gefällt, etwa neue Love Handles um die Taille oder den fortschreitenden Ansatz zum Doppelkinn, dann sehen sie einfach nicht hin. Frauen dagegen achten vorrangig auf die eigenen Defizite.« Das klingt gut, aber stimmt es auch? In einer Zeit, da schamlose Werbemacher ein Heer knackiger männlicher Models in Bewegung gesetzt haben? Da tröstet es kaum, daß selbst ein Johnny Depp seine Beine für zu kurz hält. Seine Probleme sind wenigstens eingebildet.

Aber es gibt reale. Und die kommen durch den Vergleich mit Model-Männern und Workout-Normen zustande. Wie sonst wäre das Phänomen zu erklären, dem der Berliner Sexualforscher Max Hoffmann auf die Spur gekommen ist. Bei einer seiner notwendigen Umfragen ermittelte er jüngst, daß Männer im Bett die Muskeln anspannen. Wann? Vor dem Einschlafen? Nein, wenn eine Frau die Hand darauf legt. Legt die Frau die Hand auf den Arm, wird der Arm angespannt. Wandert die Hand zum Po, wird eilig der gestrafft, so gut es denn geht. Streift sie den Oberschenkel, werden dort die Muskeln hart. Wandert die Hand die Schenkel wieder aufwärts, dann – tja, dann müssen wir den großen Philosophen Wittgenstein zitieren: »Es gibt Dinge, über die muß man schweigen.«

Und Männer schweigen ja sowieso gern. Gerade über diese Dinge. Während Frauen mit ihren besten Freundinnen offenherzig über die Größe ihrer Brüste debattieren, ist von Männern eine derart unverblümte Kommunikation nicht bekannt. »Es gibt eigentlich nur den verschämten Blick in der Sauna«, hat Experte Kracke beobachtet. Selbst unter vertrauten Kumpels werden Sorgen über Länge und Durchmesser unter der Maske frohen Selbstbewußtseins verborgen. Doch auch geringere Unbill wird geheimgehalten und getarnt. Wer stets ein Jackett trägt, ist der Verschleierung seiner wahren Figur dringend verdächtig. Wer am Strand vorzugsweise im T-Shirt spazierengeht, kaschiert offensichtlich einen schwerwiegenden Bauchansatz.

»Frauen denken häufig, Männer hätten mit den eigenen Proportionen keine Probleme«, teilt der Kölner Therapeut Armin Wagner mit. »Das Gegenteil ist der Fall. Männer machen sich sehr wohl ihre Gedanken. Aber erst, weil sie diese Gedanken nicht mitteilen, werden daraus echte Probleme und fixe Ideen.« Na, und? Wovon sollen denn die Therapeuten sonst leben?

Außerdem, das hat Urvater Freud gesagt, fördern unterdrückte Konflikte die Kreativität. Also, unterdrücken und verschweigen wir weiter. Und wir werden auch hier nicht verraten, was.

Finanzen. Die Kurve der amerikanischen Geburtenrate verzeichnet für den Sommer 1930 einen nie dagewesenen Knick; im August des Jahres geht sie plötzlich steil abwärts, und das über dreißig Prozent. In Deutschland sieht es um dieselbe Zeit kaum besser aus. Was hatte es neun Monate vorher gegeben? Den größten Crash in der Geschichte der Börse.
»Vom 29. Oktober 1929 an ließ er mich in Ruhe«, schreibt Clara Bryant Ford über ihr Liebesleben mit Ehemann Henry. »Vom Absturz seiner Autoaktien an – bis zum Ende seines Lebens.« Sie läßt freilich durchblicken, daß ihr Fords Enthaltsamkeit gelegen kam. So konnte sie sich fortan ungestört der Ausbildung junger Küchenmädchen hingeben. Bei Jean Paul Getty nahm die Ehe einen anderen Verlauf. Eine Woche nach dem großen Crash und dem Verlust von acht Millionen Dollar zog Getty aus dem gemeinsamen Schlafzimmer aus; das sei besser für die Ehe und für die Geschäfte. Die betroffene Gattin war nicht dieser Ansicht. Sie beantragte die Scheidung. Wie aus einem Anwaltsbrief hervorgeht, »wegen völliger Verweigerung der Ehepflichten seitens des angetrauten Gatten«.
Nicht nur Mediziner wissen es: Finanzielle Verluste haben einen starken Einfluß auf die Aktivität männlicher Hormondrüsen. Nicht immer ist die Wirkung so nachhaltig wie bei Ford und Getty. Doch sie ist zweifellos vorhanden, und sie ist offensichtlich narkotisierend. Die französische Feministin Isabelle Radiguet irrt. Nach dem weltweiten Crash im Herbst 1989 hielt sie es

für nötig, die Frauen zu warnen. »Wenn Männer frustriert sind, wollen sie sich sexuell abreagieren. Nach jedem Kurssturz fallen sie über ihre Frauen her.« Das Gegenteil ist leider wahr. Auch diesmal gab es neun Monate später den Knick in der Geburtenrate, wenngleich es nicht ganz so steil abwärts ging wie 1930.

Der Junk-Bond-Händler Gordon Kricke, der in den achtziger Jahren zu einer der führenden Figuren an der Wall Street geworden war, schreibt in seinen Memoiren: »An dem Tag, als die Kurse purzelten, setzte die Durchblutung meines Unterleibes aus. Anderen ging es ebenso. Man sah es ihnen an. Ganze Körperzonen schienen nicht mehr zu existieren. Geblieben war nur ein Gefühl der Taubheit. Es hatte eingesetzt, als ich die laufenden Notierungen sah. Und es blieb, wochenlang, monatelang, jahrelang. Um ganz ehrlich zu sein – es hat mich bis heute nicht verlassen.« Krickes Memoiren *Broke Up Broker* erschienen im Frühjahr 1995.

Das ist ein krasser Fall, doch wissen wir aus den Kasinos von Monte Carlo bis Las Vegas, daß es alles andere als ein Einzelfall ist. »Die Leute denken immer, es gibt Sex in Las Vegas«, sagte im vergangenen Jahr Donald Feinstein, Chef des *Vegas Uptown*. »Und zu einem gewissen Teil leben wir von diesem Gerücht. Aber es ist grundfalsch. Nirgends vergehen die Nächte tugendhafter. Das liegt daran, daß die Leute beim Spiel an den Geräten genauso wie am Roulettisch zu neunzig Prozent Verluste einfahren. Danach kommen sie körperlich nicht mehr hoch. Das gibt sich ein paar Tage, nachdem sie die Stadt verlassen haben.«

Manchmal. Nicht immer. Nach einem leichtsinnigen Abend in Monte Carlo verließ der französische Zeitungszar Robert Hersant im Mai 1992 zwar schleunigst die Stadt und sogar den Staat; doch das half nicht. »Ich

muß der Freundin, mit der ich damals reiste, für mona-
telange Geduld dankbar sein«, erklärte Hersant im
Fernsehen. »Ich will nicht behaupten, daß ihre Geduld
reich belohnt wurde. Denn im Laufe des Jahres '94
mußte ich schon wieder einen Totalverlust verkraften,
denjenigen meiner Dollar-Optionen. Ich bin nach einiger Zeit darüber hinweggekommen, allerdings nur
geistig. Und ich verstehe gut, daß die Freundin diesmal
nicht soviel Langmut aufbringen mochte.«
Die berühmte These des Jesuitenpaters Randolfo Neu-
mann, Verluste auf körperlicher Ebene würden durch
Gewinne in anderen Bereichen ausgeglichen, ist un-
glücklicherweise falsch. Sexuelle Abstinenz führt nicht
zu finanziellen Überschüssen, und die Abkehr von
Spiel und Spekulation bringt nicht die Wiederkehr der
Lust. Als Gegenmittel empfiehlt der japanische Invest-
ment-Banker Yokio Matsumi: »Machen Sie Börsenge-
winne. Falls das nicht möglich ist, betrachten Sie Ihre
Verluste nicht als Schaden, sondern als Befreiung.«
Weg mit dem Ballast, meint Matsumi, und her mit den
wahren Freuden. »Jede finanzielle Einbuße ist eine
Übung im Loslassen«, schreibt der tibetische Lama
Chögyen Rinpoche in einem Spendenaufruf. Darin
liegt tiefe Wahrheit. Nur wer gut loszulassen vermag,
kann anderswo auch ganz fest zupacken.

Flirt. Den Vorwurf, deutsche Männer seien unfähig
zum Flirten, erneuerte jüngst Uta Heinemüller. Sie
wundere sich darüber, erzählte die Theologin, daß sie
in den letzten Jahrzehnten nicht mehr von Männern
angelächelt oder angesprochen worden sei – ohne freilich Aussagen darüber zu machen, wie es davor gewesen ist. Frau Uta in ihrer eigenen Talkshow im Frauen-
kanal: »Heute stieren die Kerle an der Ampel nur aufs

Rotlicht und schauen weder rechts noch links.« Die
Kollegen Professoren seien auch nicht aufmerksamer.
An ihrem Alter könne es doch unmöglich liegen, gab
sie zu bedenken. »Maria war auch keine Jungfrau
mehr.«

Die Erfurter Paartherapeutin Rita Wiedensack, Betrei-
berin der größten aufblasbaren Phallussammlung in
Mitteleuropa, rät in *77 Auswegen für gefrustete Frauen*
(Leipzig, 1993) zu Auslandsreisen: »Drei Tage Rom,
zwei Tage Paris, und eine Frau glaubt wieder an sich.
Eine Woche an den Ausgrabungsstätten in Mexiko,
und sie fühlt sich als Göttin.« Den Mitteleuropäern
mangele es an Charme und Leichtigkeit. Sie seien
schwerfällig und trübsinnig, hasteten, den Blick auf
ungeputzte Schuhspitzen geheftet, durch graue Gegenden und verbreiteten die Ausstrahlung einer Run-
kelrübe.

Doch das ist unwahr. Deutsche Männer sind wendig,
fröhlich, geistreich und witzig. Sie scheuen, wie man
von Reiseveranstaltern weiß, keineswegs das Flirten.
Sie scheuen lediglich das Flirten mit deutschen
Frauen. Und das aus guten Gründen. Nach Untersuchungen des Allgäuer Forschungsinstitutes für Ange-
wandte Soziologie mußten sich mindestens 63 % Männer bei einem Flirtversuch schon einmal die Antwort
gefallen lassen, ihre »Anmache« sei chauvinistisch
oder machohaft, patriarchalisch, umweltfeindlich oder
faschistoid, frauen-, kinder- oder menschenverach-
tend. Weitere 7 % sind mit Tieren oder Körperteilen
verglichen worden, 3 % wurden geohrfeigt oder getreten, 2 % mit Bier überschüttet.

»Es gibt für Männer so viele Ursachen, das Flirten zu
fürchten, daß von sich aus kaum einer mehr den Mut
aufbringt«, bemerkt der Duisburger Anthropologe Ha-

rald Weisker. Seit Ende der achtziger Jahre werde beobachtet, daß Flirtversuche fast nur noch von Frauen ausgingen. Weit sei es damit noch nicht her, aber es ginge aufwärts. Immerhin ein Prozent der Männer seien schon einmal angesprochen worden, die meisten, während sie arglos an einer Ampel warteten, und zwar von einer Theologin mit verrutschter Perücke. »Das«, meint Weisker, »ist doch auch schon was«.

Frauen. Goethe hat es genauso zugegeben wie Boxmeister Mike Tyson, Finanzgenie George Soros ebenso wie der scheinbar desinteressierte Andy Warhol: Sie fürchteten sich vor Frauen. »Und wer«, fragte zaghaft Immanuel Kant, »täte es nicht? Sie sind stärker als wir.« Der grausame Kaiser Nero war privat Untertan seiner Frau, Ronald Reagan tat, was Gattin Nancy befahl, Widerstandskämpfer Gandhi flehte seine Frau um Gewaltlosigkeit an, und in der wirklichkeitstreuen *Muppet Show* schrumpft Kermit, sooft Miss Piggy spricht. Selbst Casanova gestand im Alter, daß seine Untreue nur einen einzigen Grund hatte: die Furcht vor Frauen, »welchselbige mich nötigte, immer aufs neue fortzuwandern«. C. G. Jung glaubte, die Gebärfähigkeit sei das Unheimliche. Jeder Mann sei sich im stillen bewußt, daß er aus einem Frauenschoß stamme; bei empfindsamen Männern bewirke dieses Wissen »nächtliches Grauen vor allem beim Vollzug«.
Einige Experten meinen, es sei die weibliche Intuition, die dem Mann Angst einjage. »Sie scheinen alles zu wissen, was ein Mann denkt und tut«, klagt George Bernard Shaw in seinem Essay *On Women*, »mag er seine Ideen auch tarnen und seine Handlungen verbergen, sie kommen dahinter, als seien sie mit dem Spuk im Bunde.« Andere Forscher sehen die Ursache

männlicher Furcht in der sprachlichen Überlegenheit
der Frau. Frauen steht im Vergleich zu Männern der
siebeneinhalbfache Wortschatz zur Verfügung. Ihre
Redegewandtheit basiert nicht nur auf der nuancierten
Ausbildung ihres neuralen Sprachzentrums, sondern
auch auf der differenzierteren Muskulatur ihrer Zunge,
die erheblich schnellere Bewegungen ermöglicht. Den
jährlichen »World Fast Talking Contest« (Schnell-
redewettbewerb) in Atlantic City machen gewöhnlich
Frauen unter sich aus; bester Mann war bislang
Jacques Bouvier, der 1951 den neunzehnten Platz
erringen konnte, der aber ein Jahr später durch Geschlechtsumwandlung (in Jacqueline) aus der männlichen Partei ausschied. Er wurde später Präsidentengattin.
Zahlreiche Wissenschaftler sehen die Furcht des Mannes in der größeren Kampffähigkeit und Belastbarkeit
der Frau begründet. »Ihre kriegerische Begabung
übersteigt alles, was sonst im Reiche der Menschen
oder auch der Tiere, zumal der räuberischen, möglich
und denkbar scheint«, schrieb 1811 der preußische
General Carl von Clausewitz in seinem Werk *Vom
Kriege*. Diese Analyse gilt bis heute als unwiderlegt. Es
mag vielfältige Gründe für die männliche Beklommenheit gegenüber der Frau geben, doch was immer sie
sein mögen, sie sind schwer aus der Welt zu schaffen.
»Männer haben Angst vor der Frau«, schreibt Margaret Thatcher in ihren Memoiren. »Sollen sie doch!«

Freude (ahd. frouwe, mhd. froute). Das Wort für Frau
und für Freude war im Althochdeutschen identisch; im
Mittelhochdeutschen trennten sich die Begriffe langsam. Doch bezeichnete bis zum 15. Jahrhundert das
Wort *Freude* ausschließlich das Behagen des Mannes

angesichts einer oder auch mehrerer Frauen. Nicht ohne Grund hieß das Bordell in Deutschland lange Zeit Freudenhaus, seine Angestellten Freudenmädchen. Später ist dieser Inhalt aus uns unbekannten Gründen verlorengegangen. »Wie die Bedeutungsgleichheit von *Frau* und *Freude* abhanden kommen konnte, bleibt mir vollkommen rätselhaft«, bekennt die Sprachwissenschaftlerin Luise F. Pusch. Auch wir haben keine Erklärung dafür. »Tatsache ist, daß Männer sich heute nicht mehr trauen, angesichts einer Frau Freude zu empfinden«, seufzt die Dithmarscher Dichterin Sarah Kirsch. »Gebe Gott, daß ihnen diese Furcht bald genommen werde!«

Freudenhaus. Der Begriff wurde bis ins 19. Jahrhundert wörtlich verstanden. »Das Freudenhaus ist ein Haus, in dem ein Mann Freude erfährt«, schreibt der Historiker Theodor Mommsen, »was vom eigenen Haus nicht ohne weiteres behauptet werden kann, weshalb die Wendung 'Ich fahre heim in mein Freudenhaus' unüblich geworden ist.« Noch in der Romantik war es nicht ungewöhnlich, daß ein Mann seine Frau zum Mitkommen aufforderte, wie wir von dem Komponisten Robert Schumann wissen. In seiner Oper »Das Paradies und die Peri« singt die männliche Hauptfigur: »Just geh' ich in der Freuden Haus. Begleite mich, du Holde, auf daß wir glücklich seyn.« Männer sind sich heute im allgemeinen bewußt, daß das Wort Freudenhaus nicht mehr ganz so gut beleumundet ist. Deshalb vermeiden sie die Erwähnung, ja, oft leugnen sie die Existenz. Eine demoskopische Erhebung des Wiener Brunner Institutes förderte 1992 staunenswerte Ergebnisse zutage. Auf die Frage »Wissen Sie, wo es in Wien ein Bordell oder Freudenhaus gibt?« antworteten 98 % der Männer zwischen 20 und 60 Jahren mit »Nein«. Die viel einfachere Frage: »Wissen Sie, was ein Bordell oder Freudenhaus ist?« beantworteten immer noch 72 % der Interviewten mit »Nein«. Hermann Brunner, der Leiter des Institutes, bekannte nach der Erhebung, man habe einen schwerwiegenden Fehler gemacht, indem man die Fragebögen zur schriftlichen Beantwortung ausgeteilt habe. »Wir müssen davon ausgehen«, gestand Brunner, »daß die meisten Männer die Bögen im Beisein, und das heißt: unter Aufsicht, ihrer Frauen oder Freundinnen ausgefüllt haben. Eine im Jahr 1993 durchgeführte Straßenumfrage erbrachte ganz andere Ergebnisse. »Viele Männer wurden blaß und sahen sich argwöhnisch nach allen Seiten um, bevor sie zu sprechen wagten.« Die Frauen haben es verstanden, das Freudenhaus mit Angst in Verbindung zu bringen – eine eindrucksvolle, wenn auch vielleicht nicht begrüßenswerte Kulturleistung.« »Kluge Frauen«, meinte die ehemalige Bundesfamilienministerin Claudia Nolte, »richten ihrem Liebsten daheim ein Freudenhaus ein, auf daß es keusch und unbefleckt bleibe.«

Freudenmädchen. Ursprünglich: Mädchen, das Männern Freude schenkt. Im Laufe des 18. Jahrhunderts verzerrte sich der Sinn, da das Wort *schenken* nicht mehr wörtlich genommen wurde. Das ist bis heute so geblieben, wird sich jedoch nach Ansicht gesellschaftlicher Beobachter im kommenden Jahrtausend wieder ändern. »Die Geldforderungen, die von Freudenmädchen für die geschenkte Freude erhoben werden«, kritisierte der Bundesrechnungshof im Herbst 1995, »müssen bei der gegenwärtigen Finanzlage unter besonderer Berücksichtigung der Geringverdiener als unverschämt betrachtet werden.« Und der UN-Männerbeauftragte Dvasta Shari Sharikhan erklärte unlängst: »Da in vielen Ländern bittere Armut herrscht, sollte es für junge Mädchen wieder selbstverständlich werden, Freude zu schenken.« Bis dahin gilt das Wort des Dramatikers Rolf »Ilse« Holzapfel: »Das Nahen eines Freudenmädchens muß einem wackeren Mann heute wie das Nahen des Gerichtsvollziehers erscheinen; nun soll er vollends ausgepreßt werden.«

Gefühle. »Here's lookin' at you, kid!« Der Satz ist ein Trinkspruch und nicht ganz richtig ins Deutsche übersetzt worden, und doch ist er berühmt geworden, berühmter als alle anderen Sätze, die auf der Leinwand gesprochen wurden: »Schau mir in die Augen, Kleines!« Im Film *Casablanca* spricht Rick diesen Satz zu Ilsa, Humphrey Bogart also zu Ingrid Bergman, und damit sagt er laut Drehbuchautor Howard Koch »alles, was ein Mann jemals über Gefühle zu sagen vermag«. Viel ist es nicht, und »eine heutige Frau ist mit derlei Schmonzes leider nicht mehr abzuspeisen« (Filmkritiker Richard Corliss). Eben das fürchten die Männer. Sie sind im Gegensatz zu Frauen nicht direkt mit ihren Gefühlen verkabelt. Ihr Innenleben wird nicht live in das Sprachzentrum ihres Gehirns übertragen. Vielleicht würden sie die Übertragung auch gar nicht einschalten. »Männer müssen sich nicht um Gefühle kümmern, sondern um lebenswichtige Fragen der Außenpolitik«, seufzte bei seiner diamantenen Hochzeitsrede der Staatsmann Hans Dietrich Genschman. »Jetzt nur noch die Mannschaftsaufstellung«, beschied Franz Beckenbauer seiner Geliebten im Standesamt. »Er sprach im Bett von Hypothekenrückzahlungen«,

erzählte die Gattin des Immobiliengroßhändlers Wolf
Schneider.

»Die Sprache der Gefühle ist für Männer die Sekun-
därsprache, für Frauen jedoch die Primärsprache«, erklärt Christine von Steiffenberg, Leiterin des Frauen-
zentrums Berlin. Sie rät Frauen, dem Mann behutsam
Hilfestellung zu geben. Doch noch die sachteste Ein-
fühlsamkeit löst beim Mann Angst aus, wenn sie sich in
Fragen äußert wie: Worüber bist du enttäuscht? Was
macht dich denn jetzt so traurig? Wovor hast du Angst,
Liebling? Worüber machst du dir Sorgen? Und wenn
du jetzt in dich hineinfühlst, was spürst du da?

»Das Reich der Gefühle ist Männern ein Schloß mit sieben Siegeln«, kommentierte Humphrey Bogart seine
berühmteste Szene. »Und sie möchten diese sieben
Siegel ungern aufbrechen, und wenn, dann bestimmt
nicht alle auf einmal.« Inspektionen ihrer emotionalen
Zustände jagen Männern einen Schrecken ein. Auf
dem fremden Terrain fühlen sie sich ungeschützt und
sogleich unterlegen. »Eine Frau kennt sich in den Gefühlen ihres Mannes erheblich besser aus als er
selbst«, äußerte die Sekretärin Jeanne-Claude über ihren Verhüllungsexperten Christo. Männliche Antworten wie »Sei doch nicht so neurotisch« oder »Kannst du
mich nicht mal eine Sekunde in Ruhe lassen« signali-
sierten nicht Verweigerung, sondern Hilflosigkeit.

»Wenn ich rede, dann möchte ich, daß die Sache überschaubar bleibt«, hat der verblichene Kinoheld James
Stewart geäußert, »und Gefühle sind nun mal nicht
überschaubar«. Er könne nur Dinge leiden, bei denen
ein Ergebnis zu erwarten sei, sprach der französische
General de Gaulle, und bei Gefühlen gebe es leider
kein Ergebnis. »Ein Mann fühlt sich wohl mit allem, was
ihm vertraut ist«, lehrt der britische Gitarrist Eric Clap-

ton. »Gefühle zählen dazu leider nicht«. Und ausgerechnet der rhetorisch glänzende John F. Kennedy bat »unsere amerikanischen Frauen« darum, sich nicht von einem wortgewandten Redner täuschen zu lassen: »In seinem Innersten ist er immer noch ein verzagter Junge, der es nicht schafft, seine einfachsten Gefühle in Worte zu fassen. Dazu braucht er sehr viel Zeit, sehr viel Geduld und sehr viele Pausen, vor allem eine Frau, die nicht gleich weiterbohrt, sondern erst einmal in ihren Worten behutsam wiederholt, was er gerade zu sagen versucht hat.« (*Rede an die Nation der Frauen*, 1963.)
In Grenzsituationen, aber auch auf Reisen, fiele es Männern leichter, an ihre Gefühle heranzukommen, lehrte der Philosoph Karl Jaspers. Er war der Ansicht, speziell in der Natur eröffne sich Männern der Zugang zu ihren Gefühlen. Sein Kollege Karl Popper dagegen hielt die großen Metropolen für aufschließend. Speziell London sei »gefühlsecht«.

Geilheit. Aus den Dichtungen mittelhochdeutscher Autoren (vor allem Hartmann von Aue, Oswald von Wolkenstein, Gottfried von Straßburg) geht hervor, daß die zeitgenössischen Mönche »alleweil geil« waren. Die Vermutung Luthers, die Geistlichkeit sei dem Geschlechtstrieb verfallen, gilt inzwischen als widerlegt. Das Wort *geil* war bis ins 14. Jahrhundert ein Synonym für »lebenslustig«. Inzwischen hat das Wort eine gespaltene Bedeutung: In der Kindersprache meint es alles, was gefällt; in der Erwachsenensprache bezieht es sich verengt auf Sexuelles. Ein geiler Mann ist jener, der an einer Frau sexuelles Interesse hat. Ein geiler Typ hingegen ist einer, an dem Frauen sexuelles Interesse zeigen. Geile Frauen gibt es auch, jedoch, wie der Sexualwissenschaftler Ernest Bornemann noch in seinen

letzten Tagen herausfand, »viel zu wenige«. Aus einer
Statistik des Bundesgesundheitsamtes (1993) geht hervor, daß ein hoher Anteil der 20–35jährigen Männer
diese Ansicht teilt. Die 35–45jährigen dagegen meinen
überwiegend, es gebe »genügend« geile Frauen. Die
45–60jährigen sprechen dagegen von »zu vielen«, die
meisten der über 60jährigen von »allzu vielen«.

Hier spätestens wird Geilheit zum Angstwort. »Es gibt
zu viele Witwen«, notierte der österreichische Schauspieler Helmut Qualtinger kurz vor seinem Tod. »Und
die wollen alle nur das eine. Ich mache mich beizeiten
davon.« Der alte Tabakzar Zino Davidoff äußerte sich
»erschrocken von der Lüsternheit der Frauen«. Der
deutsche Verleger Franz Burda sah darin einen
»Grund, schamrot zu werden«. Neuerdings beschleicht auch jüngere Männer Furcht, wenn Frauen
sich offen zu ihrer Lust bekennen. »Wollen die denn
wirklich was?« fragt in seinem wohl größten Hit der
Neustädter Rapper Coolio.

»Nur wenn Frauen ihre Lust verbergen, werden Männer mutig«, schreibt die mehrfach preisgekrönte Autorin Luise Rhizin. »Sobald Frauen hingegen Lust, ja,
Lüsternheit, ich scheue mich nicht zu sagen: Geilheit
zeigen, schlottern unseren deutschen Männern alle
Glieder.« Rhizin, die ausschließlich von eigenen Erleb-
nissen berichtet, führt das auf die männliche Er-
oberungssucht zurück. »Eine Frau, die nicht zu erobern ist, weil sie selbst erobern will, wirkt unheimlich,
beunruhigend, einschüchternd.« Rita Waschbüsch, die
umjubelte Vorsitzende der katholischen Frauenver-
einigung, plädiert deshalb dafür, den Begriff Geilheit
wieder auf seine »fröhliche und unbeschwerte mittelalterliche Urbedeutung zurückzuführen«. Wir sind
dabei.

Glied. 1) Teil eines größeren Ganzen.
2) Kleinster Teil eines Gliedertieres, meist von einem
chitinhaltigen Hautpanzer bedeckt, der sich während
des Wachstums bei aufeinanderfolgenden Häutungen
versteift, bis er schließlich abgeworfen wird.

Größe. Ebenso wie Dicke, Länge und Härte bei Männern im allgemeinen enorm und außergewöhnlich.
»Die Größe eines Gewehres ist weniger wichtig als
seine geschickte Handhabung«, behauptete John
Wayne in seinen Memoiren. »Es kommt nicht auf die
Größe an, sondern auf den Schützen; er muß im ent-
scheidenden Augenblick Ruhe bewahren.« Wir wissen
nicht, ob der Schauspieler ein Schütze von dieser Art
war. Sicher ist nur, daß Jayne Mansfield sich ebenso
enttäuscht von ihm abwandte wie die Schriftstellerin
Jennifer Bride, die später ihren Roman *Vom Zauber der
kleinen Dinge* ausgerechnet John Wayne widmete.
»Die Größe eines Reiches ist weniger wert als seine
Macht und seine Schlagkraft«, lehrte Gaius Julius
Caesar, als er in Ägypten die Königin Kleopatra unter-
richtete. Aus den von Kleopatra hinterlassenen Hieroglyphen indes wissen wir, wie sie von Caesars Nachfol-
ger Antonius lernte, »daß die Größe eines Reiches doch
auch etwas sehr Schönes ist«. Renaissance-Papst
Leo IX., Liebhaber der schönsten Jünglinge seiner Zeit,
warnte Kardinäle, Bischöfe, Priester und Mönche ausdrücklich »vor dem Größenvergleich, welcher von den
wahren Zielen ablenkt«, die Größe führe nicht »unbedingt zur Herrlichkeit«. Wobei auch in diesem Fall
nicht völlig klar ist, wovon der gelehrte Mann spricht.
Der Dramatiker August Strindberg wurde ein wenig
deutlicher. »Die Angst, sein Gewerke sei zu klein,
bleibt jedem Mann treu bis ans Ende seiner Tage«,

schrieb er, »und diese Angst macht ihn zum Spielball der Frauen.«

Auf jeden Fall kann eine Frau schon durch geringste boshafte Anspielungen das Selbstbewußtsein eines Mannes ins Wanken bringen. Der renommierte Psychotherapeut Gernot Frahm schreibt in seinem Werk *Groß und Klein* (Stuttgart, 1987): »Meist kommt der Klient nicht vor der dreiundfünfzigsten Therapiestunde darauf zu sprechen. Aber dann ist es da, das Thema, welches zwar nicht unbedingt die Ursache seiner Probleme ist, das aber zweifellos alle anderen Probleme überschattet.« Auf eine wichtige Unstimmigkeit in Frahms Aussage hat 1992 die feministische Philosophin Gerda Kletze-Britz hingewiesen: »Wie«, fragt sie provokativ, »kann etwas so Kleines einen so großen Schatten werfen?« Wir antworten: Es kommt auf die Beleuchtung an. Im Licht der Furcht erscheinen auch kleinste Einzelheiten übergroß.

Wie kann eine Frau diese Furcht heilen? Indem sie die Größe immer wieder bewundert, auch gegen besseres Wissen, jedoch ohne auffällige Übertreibung. Auffällige Übertreibungen spielen offensichtlich eine Rolle in jener Statistik der Weltgesundheitsorganisation (WHO), die 1995 unter anderem folgende Durchschnittsgrößen in Zentimetern offenlegte, wobei allerdings nicht alle Länder Meldung erstattet hatten: Philippinen 6,3; VR China 7,4; Taiwan 7,9; Japan 8,1; Australien 9,9 – Ureinwohner 19,7; USA 12,3 (weiße) und 22,9 (schwarze Bevölkerung); Frankreich 15,1; Italien 16,2; Türkei 17; Iran 18,1; Afghanistan 23,1; Burundi 32,3; Bundesrepublik Deutschland 14,3 (alte Länder) und 11,2 (neue Länder, hier aber beträchtliche Zuwachsraten).

Haarausfall. »Beginnender Haarausfall«, seufzte Sean Connery in jungen Jahren, »ist einer der unverzeihlichsten Angriffe auf die Männlichkeit«. Inzwischen ist er kahl und klug. »Eine Glatze«, verheißt er nun, »ist ein Beweis für Männlichkeit.« Das ändert nichts daran, daß viele Männer diesen Beweis nicht antreten mögen. Bruce Willis besucht einen Spezialisten für wundersame Haarvermehrung, Tom Cruise zieht die Methode der Verpflanzung vor. Weniger begüterte Gentlemen versuchen, durch ausgeklügeltes Kämmen die Lichtungen zu verdecken. Und was steckt hinter der Panik? Das erschreckende Bewußtsein, daß der Körper altert. Die nagende Furcht, vorzeitig an Attraktivität und Appeal einzubüßen.

Kann eine Frau da helfen? Sie kann die erotische Ausstrahlung von Glatzköpfen wie Telly Savalas, Macho-Rapper R. Kelly oder Showmaster Thomas Gottschalk preisen. Und sie kann gratulieren: Immerhin ist ein Überschuß von Sex-Hormonen für den Kahlwuchs verantwortlich. Die sagenhafte römische Kaiserin Messalina (22-48 n. Chr.) gab sich aus diesem Grund ausschließlich mit Glatzköpfen ab. »Männer mit intaktem Haupthaar«, soll sie laut Tacitus geäußert haben, »reichen mir nicht einmal als Vorspeise.«

Impotenz. Den Tänzer Rudolf Nurejew verließ die Kraft im Herbst 1968 nach einer Vorstellung der *Giselle*. Der Dreißigjährige wollte in seiner Garderobe eben einem Eleven seine Gunst erweisen, als im Königlichen Opernhaus zu London ein Fehlalarm ausgelöst wurde. Da knickte er ein. »Es muß wie der Zusammenbruch eines Turmes gewesen sein, den man bislang für unerschütterlich gehalten hat«, berichtet Nurejew-Biograph William Porter. »Gerade weil man geglaubt hat, der Turm könne niemals fallen, erweist sich der Schreck als bleibend und der Wiederaufbau als schwierig.« Sicherheit in der Handhabung des stolzen Wahrzeichens habe Nurejew nie wieder erlangt; dafür sei sein Verbrauch an Hasenpfoten gestiegen.

Der amerikanische Komiker W. C. Fields mußte aufgeben, nachdem ein Hund lange genug neben seinem und seiner Assistentin Bett gehechelt hatte. Der junge Liebhaber der Schriftstellerin Doris Lessing erschlaffte für lange Zeit, als die Hauskatze der Dame aufs Bett sprang und mitmischte. Ein frei umherfliegender Papagei wurde das Verhängnis des Malers René Magritte, während er einer Mäzenin zu Dienste sein wollte; das Schnabeltier pickte auf ihm herum. Doch nicht nur Haustiere machen impotent. Der britische Biochemiker Leon Kaplan hat herausbekommen, daß Fernsehkonsum von mehr als zwei Stunden die männliche Erregungsfähigkeit gegen Null reduziert. Der Kieler Baubiologe Norbert Jürgens macht Erdstrahlen verantwortlich; verliefen sie in Lendengegend des Mannes unter seinem Bett, sei von ihm nichts mehr zu erwarten. Nach der japanischen Lehre vom richtigen Wohnen, Feng Shui, kann ein Spiegel im Schlafzimmer männliche Energie vernichten.

Oft genügt auch schon der Blick auf das Spiegelbild, um einen tapferen Mann zum Abbruch zu zwingen. »Plötzlich sah ich mich bei den Bewegungen, ich sah meine Kürze, sah meinen Bauch«, schrieb der Komponist Paul Hindemith an Gottfried Benn. »Da war es vorbei. Und weil mir das Bild immer noch vor Augen schwebt, kann ich mich nicht regenerieren.« Ein von Impotenz bedrohter Mann darf sich nicht selbst beobachten. Er darf sich auch nicht beobachtet fühlen. Boxer Joe Louis konnte nicht in der Nähe von Fenstern.

Albert Schweitzer schloß stets die Türen ab. Beaude-
laire meinte, die Intelligenz eines Mannes lege seinen
Fortpflanzungstrieb lahm. Der Philosoph Heidegger
meinte, es sei die Intelligenz einer Frau; die »entkräfte
den Seinsgrund«. Max Frisch ereilte beim Anblick eines potenten Kubaners ein langwieriges »Vakuum
zwischen den Lenden«. Regisseur Roberto Rossellini
wurde vom »Geruch von Mütterlichkeit« lahmgelegt.
Enzo Ferrari beschränkte seine tätige Liebe auf Autos,
weil er fürchtete, eine Vagina würde ihn verschlingen.
Der Romancier Gustav Freytag konnte »ausschließlich
nach christlichen Feiertagen«, der Komponist Bruck-
ner »nur nach Abschluß einer Symphonie«; er schrieb
neun. Horst Janssen schob seine Impotentia totalis auf
den Alkohol, Balzac auf zu häufigen Kaffeegenuß, Os-
kar Kokoschka auf das Einatmen von Ölfarbe, Theodor
Fontane auf zu lange Wanderungen durch die Mark
Brandenburg; uns ereilt das Unvermögen nach Lektüre
seiner Aufzeichnungen.
Kurz, es fehlt weder an Erklärungen noch an Entschul-
digungen. »Wenn es so viele Gründe für Potenz gäbe
wie für Impotenz, wären wir gerettet«, notiert der Denker Emile Cioran in seiner *Lehre vom Zerfall*. Wem es
einmal passiert sei, den plage fortan die Furcht, es
könne abermals passieren, und schon diese Erwartung
reiche aus, »um den Unterleib zu anästhesieren«. Es
mag auch handfestere Gründe geben – Diabetes, nie-
drigen Blutdruck, Hormonstörungen, Cortison, Beru-
higungsmittel, unschöne Aspekte im Horoskop – Tatsache bleibt, daß Impotenz lediglich Männer befallen
kann, und daß die Furcht davor eine Urangst ist. Unter
den steinzeitlichen Höhlenkritzeleien von Altamira
findet sich die Darstellung eines Mannes, von dessen
Körpermitte ein kurzer Bogen abwärts zeigt; um ihn

stehen Frauen, die lachen. Aus den Hieroglyphen, die
Howard Carter vom Tal der Könige nach London
transportieren ließ, entzifferten Ägyptologen ein
Rezept gegen Impotenz aus der Pharaonenzeit. Es ist
überzeugend, gleichwohl nicht ermutigend: Enthaltsamkeit.

Im Laufe der Jahrhunderte haben Männer etwa hunderttausend verschiedene sogenannte Aphrodisiaka
ausprobiert. Keines konnte die Erektion garantieren.
Die beharrliche Suche dokumentiert allerdings die
Furcht vor dem sichtbaren Versagen. Sichtbar ist das
Versagen, weil ein Mann seine Schwäche nicht verbergen kann. Eine Frau kann Erregtheit vortäuschen;
er nicht. Im Gegensatz zu ihr muß er eine vorzeigbare
Leistung erbringen, eben die Erektion. Vom Kopf her
kann er die, im Gegensatz zu anderen Leistungen,
nicht beeinflussen, dem Willen gehorcht der Penis
nicht. Oder doch? Gerade jetzt, im Frühjahr 1996, hat
der Wiener Sexualforscher Attila Woisetschläger eine
Langzeitstudie über den Zusammenhang zwischen
Willen und Potenz beendet. Ergebnis: Männer mit
Nein-Sage-Schwäche sind von Impotenz besonders
stark bedroht. Männer, die Frauen gegenüber schroff
und klar eine Grenze ziehen, sind erheblich seltener
betroffen. Kampflust und Streit sind der Potenz zuträg-
licher als Kompromißbereitschaft und Friedfertigkeit.
Männer, die sich für die Gleichberechtigung der Frau
einsetzen, sind nach Woisetschläger von Erektionsschwäche achtmal häufiger betroffen als Männer, die
ihre eigenen Rechte hochhalten. Was lernen wir
daraus? »Nein sagen üben«, spricht der Gelehrte.
»Immer wieder Nein!« Und zwar genau der Frau gegenüber, bei der sich die Schwäche gezeigt hat. Das
können auch mehrere, es können sogar alle Frauen

sein. Klingt interessant. Aber haben wir so ein Training nötig? Wir sagen: Nein!

Kastration. »Je länger ich durchs Leben gehe«, schrieb die 89jährige englische Lyrikerin Lou »Grandma« Dickinson, »desto fester glaube ich, daß diese Maßnahme das beste ist, was Frauen erfunden haben.« Die Chicagoer Änderungsschneiderin Edna Docker erhielt im vergangenen Jahr die *Goldene Venus* für die Kastration ihres Ehemannes. Die Autoren dieses Bandes halten dergleichen Anstrengungen bei ihnen selbst für überflüssig; sie singen seit Jahren als Kastraten im Chor der Wiener Sängerknaben bzw. Regensburger Domspatzen und umgekehrt.

Kondome. Der Mailänder Designer Gianni Versace klagte Anfang 1996 in einem Interview, viele Kondome seien wie schlechtgearbeitete Sakkos. Hier wie dort könne man sich blamieren. Er denke darüber nach, ob er nicht ein Versace-Kondom auf den Markt bringen solle. Guter Geschmack ende schließlich nicht bei der Oberbekleidung. Eine treffende Markteinschätzung. Kondome trägt heute fast jeder Mann, der auf sich hält. Es gibt sie mit Punkten, gestreift, kariert und in Netzausführung, mit Erdbeer-, Honig- und Schokoladengeschmack, und für das Frühjahr 1998 sind Kondome mit Rhythmusgeber angekündigt nebst einem Signalton, der dem einer Eieruhr gleicht. Modeschöpfer Versace aber spricht beherzt aus, worum es wirklich geht: »Kondome müssen sitzen«. Das ist in der Tat ein Umstand, der sensible Männer immer wieder beschäftigt. »Schlotternde Kondome trüben die Freude am ungezwungenen Beisammensein«, rügte der frühere spanische Ministerpräsident Gonzalez in seiner letzten

Weihnachtsansprache. Und das ist beileibe nicht alles. Die Leipziger Sexualwissenschaftlerin Frida Busche: »Der Drang- und Lustkomplex des Mannes schnurrt durch zu große Kondome in Sekundenschnelle zusammen«. Dies habe sich bei einem Praxistest erwiesen. 46% der Probanden versagten vollkommen, bei 39% sank die Erwartungsfreude um 90 Grad, der Rest hielt sich mühsam. Schlimm sei es gewesen, wenn sich die Kondome ohne jedes Zutun vom Träger gelöst hätten und auf die Erde gefallen seien. Die Präservativ-Industrie überschätze die Größe des deutschen Mannes; und die Bundesregierung sehe diesem Mißstand ungerührt zu. Frida Busche: »Im Sozialismus war alles besser. Da saßen die Kondome eng und fest, schon weil es dem VEB Kondome stets an Gummirohmasse mangelte.« Von der löchrigen Struktur schweigt die zu Recht umstrittene Forscherin. Generell kann Männern zur Zeit nur der folgende Rat gegeben werden: Beim Kauf von Kondomen ausdrücklich nach der Größe fragen. Stellt sich die Verkäuferin unwissend, Aufklärungsarbeit leisten. Auf ein DIN-A4-Blatt umrißartig ein Abbild des Kondomträgers aufzeichnen, darauf hinweisen, daß das Kondom die zu erkennenden Ausmaße nicht überschreiten darf, da sonst Gefahren drohten. Nachdrücklich auf einer Anprobe bestehen. An dieser darf die Verkäuferin teilhaben. Ihr in der Kabine einschärfen, mehr kritisches Bewußtsein an den Tag zu legen.

Kraftlosigkeit. Das Phänomen ist auch unter anderen Begriffen bekannt, die allerdings – so der späte Sigmund Freud – »keinerlei Erwähnung verdienen, ja deren Erwähnung selbst schon die Folgen zeitigen, welche ein Mann um jeden Preis vermeiden will«. Insgesamt gilt Kraftlosigkeit als äußerst seltene Erscheinung beim Mann, im Grunde scheint sie überwunden und nur noch aus historischen Gründen interessant. Es sind in der antiken Literatur Fälle überliefert, die von plötzlicher Kraftlosigkeit des Mannes beim Koitus berichten. Die Einführung des Penis in die Vagina und die gemeinschaftliche Erarbeitung eines Orgasmus sei unmöglich gewesen, weil die Kraft ausgegangen sei und sich Mattigkeit eingestellt habe. Noch ältere Quellen heben hervor, daß bei Kraftlosigkeit des Mannes kein Orgasmus ausgelöst werden könne, auch wenn beide Partner ihre Körper im gleichen Rhythmus aufeinander zu- und voneinander fortbewegen. All das sind Probleme, die in unserer Zeit keine Rolle mehr spielen. Um den verstorbenen Schausteller Curd Jürgens zu zitieren: »Ich weiß nicht, wovon die Rede ist.«

Krankheit. Von Anthony Hopkins ist bekannt, daß ihn Lärm bei Dreharbeiten krank macht. Kim Basinger lassen äußere Umstände kalt. Luciano Pavarotti ist während jeder Premiere verdauungsgestört. Jessye Norman schlemmt ungehemmt hinter dem Vorhang. Glenn Gould spielte Bach nur mit Schal und Mütze, er spürte die Zugluft auf jeder Bühne. Martha Argerich spielt auch in einem zugigen Stall, ohne jede Vermummung. Top-Designer Stefano Gabbana kann bei Schnupfen keine Entwürfe zu Papier bringen. Kollegin Vivienne Westwood entwirft unverdrossen, noch wenn sie mit hohem Fieber darniederliegt.
Männer sind empfindsamer. Nur ein sensibler Mensch, eben ein Mann, ist imstande, auch noch die einfachste Erkältung in ihren tiefsinnigen, ja, dämonischen Zügen zu erleben. Wie er plötzlich nicht mehr in Freiheit Luft schöpfen kann, weil die Atemwege verstopft

sind, weil die weiten Räume von Nase und Rachen zu-
gelötet sind, der Kopf sich bei jeder Bewegung aus
seiner Verankerung löst, mitunter in kleinste Stücke
zerspringt, und Eiseskälte in die Knochen zieht.
»Frauen merken so etwas nicht«, klagte der fiebernde
Pianist Arturo Benedetti Michelangeli. »Ein Mann aber
muß mit zwei Hosen und zwei Pullovern am Leib in die
Federn steigen, eine doppelte Zudecke nehmen, und
wenn ihn der Frost schüttelt, ächzt das Bett in den
Fugen, und das Klappern der Zähne ist bis auf die
Straße zu hören und läßt Hunde und Katzen er-
schauern.«
Männer seien empfindlicher, behauptet die sogenannte Psychagogin Christa Meves. Nein, sie sind
empfindsamer, weiß Filmemacher Woody Allen, der
jüngst in einem Interview von seinen gelben Händen
berichtete, und daß er gar nicht mehr schwitze, er habe
noch nicht herausgefunden, an welcher Krankheit er
leide, aber die Öffentlichkeit werde es zuerst erfahren.
Von den Medizinstudenten im ersten Semester hegen
37% der Studenten Befürchtungen, daß sie genau an
der Krankheit leiden, von der sie gerade in der Vor-
lesung hören, doch nur 9% der Studentinnen kommen
auf diese Idee.
»Die großen Kulturleistungen«, schrieb Thomas Mann,
»sind von Hypochondern erbracht worden, von Männern, die die Krankheit fürchteten.« Goethe bangte vor
jedem Wetterumschlag. Richard Wagner litt an der
schleichenden Kriechkälte in der Villa Wahnfried.
Albert Einstein wollte nie mit dem Rücken zur Tür sitzen aus Angst vor plötzlichem Zug. »Ich selbst ver-
bringe die Nächte im Bett nur noch mit Schal um den
Hals und Socken an den Füßen«, notierte Thomas
Mann im kalifornischen Exil. »Meine Frau dagegen

besteht auf geöffneten Fenstern. Will sie meinen frühen Tod?«

Hypochondrie ist jedenfalls eine männliche Domäne. »Wir Frauen sind unempfindlich für die Tiefe der Krankheit«, gesteht Susan Sonntag in *Krankheit als Metapher.* »Wir leiden deshalb auch nicht an sogenannten harmlosen Symptomen, wir nehmen solche kaum wahr. Der Mann dagegen faßt sie als Vorboten auf, als apokalyptische Reiter des großen Lebensrätsels.« Frauen kennen dieses Rätsel nicht. Sie kennen allenfalls die Lösung. Schopenhauer soll beim Anblick einer kleinen Warze auf seinem Handrücken ausgerufen haben: »Der Tod hat sich bei mir eingenistet!« Von Frauen ist ein solch tiefgefühltes Wort nicht bekannt.

Einer, der der Empfindsamkeit der Männer ein Denkmal gesetzt hat, das in seiner ganzen Größe noch keineswegs erkannt ist, wußte wohl, wovon er sprach. Molière, nachdem er seinen *Eingebildeten Kranken* im Palais Royal selbst gespielt hatte, erklärte seinem König Ludwig XIV. in der Audienz: »Sire, jeder Mann von Stil und Niveau ist ein Hypochonder.«

Lachen. Drei Dinge jagten dem Schauspieler Peter Lorre Angst ein: »Das Angebot, King Kong zu spielen, eine Kakerlake in den Spaghettis und das Gelächter einer Frau«. Vor allem das letzte klingt auf Anhieb nicht ganz verständlich. Wer von den näheren Umständen weiß – Lorre stand in seiner Garderobe und hatte sich gerade ausgezogen, als die betreffende Frau hereinkam –, nickt voller Mitgefühl. Das Lachen einer Frau kann einen Mann locken, aber auch verunsichern, verletzen und auf unvergeßliche Art entmutigen. Theodor W. Adorno, in dessen Vorlesungen das Lachen grundsätzlich verboten war, analysierte messerscharf:

»Als ein schlechtes erzählt weibliches Lachen von Personen, wo es angezeigt wäre, den Sachverhalt dialektisch aufzuschließen; erweist sich hier die Trennung von Frau und Lachen als eine irreversible, so will doch die Naivität des Hörenden von ihr keine Notiz nehmen und sich mit der Restitution als einer unumkehrbaren ins Chaotische des Weiblichen fallen lassen.« Im kleinen Kreis traute sich der Denker später, ein wenig deutlicher zu werden: »Das Lachen gewisser Frauen ist reine Selbstbefriedigung.«

Gemeint ist vermutlich die grelle Lache, die sich überfallartig auf wehrlose männliche Zuhörer stürzt, wie es immer wieder im Zugabteil, im Büro oder beim gemischten Friseur geschieht. »Harmlos in einem Journal blätternd, ward ich auf einmal von einem üblen Lachen überfallen«, notierte der französische Komiker Jacques Tati. »Es wiederholte und steigerte sich ins schrill Gellende, horribel Keifende, so daß mir nichts anderes übrigblieb, als mitten im Haarschnitt abzubrechen, Francois ein mageres Trinkgeld zuzustecken und den Ort des Grauens zu verlassen.« Hätte er es nicht getan, wäre vielleicht ein Hörschaden die Folge gewesen.

»Hörstürze treten heute bei Männern deshalb so häufig auf, weil Frauen so laut und ungehemmt lachen wie nie zuvor in der Geschichte«, lehrt der Kasseler Hörgeräte-Akustiker Dr. Fritz Lundius. Lundius schickt, wie mittlerweile auch viele HNO-Ärzte, seine Patienten nach Bad Sülze. Der Kurort war der erste in Deutschland, der schrille Geräusche verbot und weibliches Lachen auf die Zeit zwischen 17 Uhr und 17.30 Uhr beschränkte; Zuwiderhandlung wird zuerst mit Meditation, bei Wiederholung mit Kurausschluß geahndet. Bad Sülze ist seit langem ein Geheimtip unter

Empfindsamen und Hagestolzen und sei an dieser Stelle nachhaltig empfohlen.

Und doch kann eine Kur dem grundsätzlichen Problem nicht abhelfen. »Das Lachen einer Frau ist immer schrecklich für einen Mann, solange ihm unklar bleibt, ob sie ihn nicht auslacht«, schrieb der Musiker Frank Zappa. »Und selbst, wenn das gerade nicht der Fall ist, weiß er doch: Einmal wird sie es auf diese Weise tun.«

Latin Lovers. Die Meldung ist erschütternd, sie ist beweinenswert und tragisch, und doch können wir uns ein schadenfrohes Lächeln nicht verkneifen. Der 32jährige Bademeister Roberto Citti, den eine internationale Touristinnen-Jury in Rimini noch im Sommer 1995 zum *Amante dell' Anno* gekürt hatte, zum Liebhaber des Jahres, dieser Mann hat inzwischen eine Geschlechtsumwandlung beantragt. Im Januar war im *Giornale Adriatico* ein Leserbrief erschienen, in dem eine Neujahrsbesucherin aus der Schweiz ihrer Empörung über den Schönling freien Lauf gelassen hatte. Drei Nächte lang habe sie ihm eine Chance gegeben, erklärte sie; stets aufs neue habe er versagt. »Und so was ist bei Ihnen der Spitzen-Reiter? Wie weit müssen dann die normalen Männer heruntergekommen sein? Oder kann so ein Amante nur im Sommer?«

Der harsche Brief und mehr noch die drastische Konsequenz des Betroffenen löste in Italien eine Diskussion aus, die ähnlich auch in Spanien immer mal wieder aufflammt: Ob es ihn überhaupt noch gebe, den südlichen Herzensbrecher, den gut geölten Gigolo, Papagallo, Belami, den Don Juan, den Latin Lover? Die Debatte endet gewöhnlich mit einem Klagelied auf eine verblichene Tradition. Nein, es gebe ihn nicht mehr.

Weil er zuviel arbeite. Zuviel fernsehe. Zuviel esse. Weil die Frauen zu selbstbewußt geworden seien. Das jedenfalls ist die Antwort der italienischen Gazetten. Wir hingegen fürchten, daß es ihn doch noch gibt. Wenigstens in den Träumen mitteleuropäischer und amerikanischer, vor allem aber deutscher Frauen. Und leider nicht nur in den Träumen.

Auf Fragen sogenannter Freizeit-Forschungsinstitute antworten deutsche Frauen einigermaßen konstant, der südländische Mann habe die stärkste erotische Ausstrahlung, wobei Italiener und Spanier gemeint sind, zuweilen noch Brasilianer; der Balkan jedenfalls ist nicht im Rennen. Immerhin ein Viertel der nach Italien reisenden deutschen Touristinnen wünscht sich unverblümt eine Affäre mit einem Papagallo, ein weiteres Viertel hätte »nichts dagegen«. Diese Zahlen verlieren indes ihren alarmierenden Charakter, wenn man sich das Alter der Befragten ansieht: Spitzengruppe in der Liste der Sehnsüchtigen sind die 55–75jährigen. Und die treten wir angesichts leerer Rentenkassen und im europäischen Austausch ganz gern mal an die Italiener ab. Oder an die Spanier. Denn für dortige Männer gelten ähnlich begehrliche Zahlen, seit der Stierkampf wieder an Renommee gewonnen hat, seit Madonna dem Torero Emilio Munoz verfiel und der Corrida-Star Jesulin de Ubrique reine Damenvorstellungen gibt, welche vorwiegend von amerikanischen Witwen besucht werden.

Irgend etwas muß dran sein am unausrottbaren Mythos vom Latin Lover, immer noch oder leider schon wieder. Aber was? Ist es das Erbe der Troubadoure, das den Südmännern jede Menge blumiges Frauenlob auf die Zunge zaubert? Ist es ihre Verehrung für Mamas und Madonnen, die sie zum ritterlichen Betragen ge-

genüber Frauen erzieht? Oder ist es nur »die unge-
bremste Fick-Mentalität«, wie sie der Poet Rolf Dieter
Brinckmann voll Abscheu und Bewunderung in Rom
wahrnahm? Die Latin Lovers haben von allem etwas.
Sie sind jedenfalls keine käsigen Intellektuellen. »Nur
den von Selbstzweifeln zernagten protestantischen
Mann konnte die Frauenbewegung mit Furcht und Unsicherheit schlagen«, beobachtete Marcello Mastroianni. »Bei den Männern des Mittelmeeres hat der Feminismus geringe Spuren hinterlassen. Sie leben nach
wie vor selbstverständlich in ihrer Männlichkeit, sind
unverklemmt und spielerisch, hofieren die Frauen und
bemühen sich auf altmodische Weise um Galanterie.«
Viele Frauen glauben das wirklich. Tatsächlich aber
muß man davor warnen. Denn die Don Juans und
Papagalli verehren ihre Mama, beschützen ihre
Schwester, fürchten ihre Gattin, betrachten jedoch alle
anderen Frauen, vor allem solche, die sich ihnen hingeben, als *Puttane*, zu deutsch als Nutten. Also Ob-
acht! Diese lateinischen Liebhaber halten nicht, was
sie schwülstig versprechen! Sie reden so hochtrabend,
weil sie in katholischer Tradition sicher sein konnten,
daß sie ihre Versprechen nicht einlösen mußten. Sie
geben sich als liebeshungrige Raubkatzen in Designer-
Klamotten, mit polierten Fingernägeln und glänzender
Brillantine, doch hinter ihren theatralischen Gesten
gähnt Leere. Nur im Rudel fühlen sie sich stark. Im Bett
allein gelassen, versagen sie. Allen Umfragen zufolge
beherrschen sie nur eine einzige Stellung. Sie reagieren mit Migräne, wenn eine Frau es wagt, ihre Quali-
täten in Frage zu stellen. Denn sie konzentrieren sich
ausschließlich darauf, sich als Sexualobjekt darzustel-
len, statt Sexualität zu erleben! Oder gibt es Widerspruch?

Ja. »Genau solche kleindeutsch verkorksten Argumente haben mich in die Arme von Italienern und Spaniern getrieben«, sagt eine, die es nun wirklich besser wissen müßte, Ines Timmermann nämlich, die frühere Chefin des Berliner Emanzen-Magazins *Rotzgöre*. »Latin Lovers sind nicht so kopfgesteuert wie deutsche Männer. Sie leben in ihrem Körper. Sie sind stolz und sicher, genau wie ihre Frauen stolz und sicher sind. Sie verehren gern. Sie schaffen eine erotische Stimmung. Sie sind charmant und romantisch. Sie vermögen es, Komplimente zu machen, die eine Frau glauben kann. Sie sind gastfreundlicher, höflicher, anständiger. Sie fühlen sich so hundertprozentig als Mann, daß ich mich bei ihnen hundertprozentig als Frau fühle. Und sie sind beim Sex so einfühlsam, daß ich sie jedem Mädchen nur empfehlen kann, wenn die Zeit der Entjungferung naht.« Wie bitte? Was? Und so was nannte sich mal Rotzgöre? Solch unkritische Lobhudelei kann wahrlich nur einer Frau entfahren, die sich jahrelang masochistisch mit Emanzipation gestraft hat und nun in maßloser Gier auf das Gegenteil brennt. Es ist schon ein Wunder, daß Frau Timmermann die Latin Lovers nicht uneingeschränkt empfiehlt. Sie schließt ihren blamablen Essay (nachzulesen in *Rotzgöre* 11/95) nämlich mit dem Vorbehalt:»Latin Lovers eignen sich natürlich nicht für lange Beziehungen. Aber sie sind ideal für Amouren.«

Danke. Also für längere, entbehrungsreiche Beziehungen dürfen die German Lovers antreten. Für Versorgungszwecke wird ein heimischer Mann unterjocht. Und sobald es an Romantik fehlt, kommt dann wieder ein Lateiner dran. Ach, Europa. Apropos: Aus England kommt ein Computerspiel, in dem man Jagd auf Latin Lovers machen kann. Sie werden nicht primitiv abgeknallt, sondern gefangengenommen, entkleidet und, bescheiden gesagt, einer Geschlechtsumwandlung unterzogen. So ähnlich wie dieser Bursche aus Rimini. Selbstredend warnen wir ausdrücklich vor solch minderwertigen Produkten. Wir wollten nur mal erwähnen, daß es sie gibt.

Make-up. William Randolph Hearst, der ›Citizen Kane‹ der amerikanischen Presse, verbannte Frauen aus seiner Nähe, die Lippenstift benutzten. Der Medienzar duldete »nur natürliche Frauen«. Frankreichs Ex-Beau Alain Delon erklärte, Frauen mit krümelndem Rouge stießen ihn ab. Und Bertrand Russel, Mathematiker und Philosoph, 1950 für sein Buch *Ehe und Moral* mit dem Nobelpreis belohnt, war zeit seines Lebens nicht nur ein Vorkämpfer für Frieden und Abrüstung – er stritt auch vehement gegen die »falsche Schönheit« der Frauen.

Die verbreitete Männerangst vor schöngemachten Frauen rührt nach einer Untersuchung der Würzburger Kosmetik-Forscherin Inge Sbresny von einer speziellen Form des Make-up her, der sogenannten Schönheitsmaske. »Wir legen sie vorzugsweise am späten Abend an, eigentlich, um von niemandem gesehen zu werden. Aber ahnungslose Ehemänner haben schon tiefe Schocks erlebt, wenn sie eine pastenverschmierte Person im Schlafzimmer herumgeistern sahen, die auf Anruf nicht einmal die Gurkenscheibe von ihrer Oberlippe wischte.«

Doch nicht nur Pannen wie verschmierter Lidschatten, Styling-Creme im aufgeschwollenen Haar und färbender Lippenstift sind Männern unheimlich, überhaupt jede Verschönerungsmaßnahme der Frau weckt in ihnen ein verstecktes Unbehagen. »Die Männer erken-

nen darin den Versuch der Frau, ihr Alter nicht nur zu verbergen, sondern sogar aufzuschieben«, erklärt der Chemnitzer Anthropologe Dean Krosamil. »Und das erinnert sie unbewußt daran, daß auch sie selbst altern, ja, jenseits der Fünfzig sogar schneller altern als ihre Frauen, und daß sie vor ihnen sterben werden.«
Das scheint uns ein wenig weit hergeholt. Die Botschaft des Pariser Kosmetik-Designers Robert Rossignol, jedes Make-up wolle Beifall, trifft die Sache schon genauer. Rossignol: »Eine Frau, die ihre angetuschte Schönheit ausstellt, flößt dem Mann die Vorstellung ein, sie dürfe erstens nicht berührt werden, betrachte ihn zweitens lediglich als Spiegel für ihren Liebreiz und sei drittens teuer in der Anschaffung und noch teurer im Unterhalt.« Aus Frauensicht hat die US-Designerin Donna Karan lapidar bemerkt: »Ein Mann, der Make-up nicht leiden kann, hat einfach Angst, daß die Frau ihre eigene Schönheit mehr bewundern könnte als ihn.« Das ist allerdings auch eine Horrorvorstellung.

Maskulinismus. Noch junge Männerbewegung, die seit Herbst 1996 regen Zulauf hat. Der Maskulinismus ist in Idee und Theorie eine Reaktion auf feministische Strömungen. Viele maskulinistische Männer haben sich mittlerweile in Männerbünden zusammengeschlossen, Arbeitsgruppen existieren an fast jeder Universität und versuchen, sogenannte »Ungerechtigkeiten« gegenüber Männern zu bekämpfen. In jüngster Zeit haben sie durch die Forderung Aufmerksamkeit erregt, daß männliche Professoren auch männliche Assistenten einstellen dürfen sollen (Walter Jens, *Maskulinismus als Sinngebung und wahre Form der comédie humaine*, Tuttlingen 1995). Damit solle eine Gleichstellung erreicht werden. Auch bemühen sich die Bünde um eine Quotenregelung dahingehend, daß nach jeweils zwei eingestellten Frauen wieder ein Mann beschäftigt werden darf. Im Sexualverhalten haben sich maskulinistische Denker zwar nicht durchgesetzt, aber doch manche Erleichterung angeregt. So solle die sogenannte Missionarsstellung wieder erlaubt werden, sofern sie die Frau nicht unterdrücke, wenn also der Mann leicht genug sei. Dünnen Männern und Leichtgewichtlern solle gegen Zertifikat die Missionarsstellung ermöglicht werden (Norbert Enders, *Maskulinistische Verfahren in der Homöopathie*, Bad Homburg 1993). Die Autoren dieses Handbuches distanzieren sich ausdrücklich von den Aktivitäten des Maskulinismus, es sei denn, diese Aktivitäten beschränken sich auf solche Ziele, die harmlos und sogar bereichernd sein können (Günter Mattitsch, *Maskulinistisches Singen und Musizieren*, Klagenfurt 1994).

Matriarchat. »Das Leben der Männer wird von Müttern eingerichtet«, sagte John Lennon. »Zuerst von den eigenen Müttern, dann von den Müttern ihrer Kinder.« Und die ruhmreiche Ethnologin Margaret Meatloaf gab bekannt: »Ich habe auf meinen Forschungsreisen viele Gesellschaftsformen gefunden; indes keine funktioniert so effektiv wie das westliche Matriarchat. Möge es bestehen bleiben.« Das wird es wohl. Auf dem letzten Frauenkongreß 1995 in Peking forderte die französische Frauenrechtlerin Elisabeth Détranger ihresgleichen auf, den Männern nur weiterhin einzureden, sie seien patriarchalisch; »denn daß sie das glauben, ist die unbedingte Voraussetzung für die Verewigung des gegenwärtigen Matriarchats«. Amen.

Meister (ital. maestro). Ursprüngl. Bezeichnung für religiöse oder magische Vorbilder, wandelte sich der Begriff und meint heute mehr und mehr sexuelle Leistungsträger. Ob tatsächlich oder eingebildet, läßt sich meist nicht klären, die Meisterschaft wird aber von den Schülerinnen steif und fest behauptet. So schrieb Adele Sandrock über Arthur Schnitzler: »Tags führte ich das Regiment. Des Nachts jedoch war er mein Meister. Ich war die Sklavin, war die Schülerin, ich hörte, ich gehorchte, ich war hörig.« Schnitzler selbst hat dieses Verhältnis in weniger erfreulichem Licht gesehen. In seinem Nachlaß fand sich die Notiz: »A. S. verehrt mich als Meister. Ganz gräßlich. Verpflichtet zu ständiger Bereitschaft.« In der Tat scheint die graue Pflicht, die mit dem Begriff der Meisterschaft verbunden ist, vielen ruhmreichen Männern schwere Bürden aufgelastet zu haben. »In meinem Alter«, notierte der zweiundfünfzigjährige Dostojewski, »ist Meisterschaft nur mehr auf dem Papiere möglich, nirgends sonst, schon gar nicht in dem Bereiche körperlicher Tätigkeiten.« Und Leonard Bernstein bekundete in einem Interview: »Da ich kein Meister mehr sein kann, will ich doch wenigstens ein Maestro bleiben.« – Die Frauen der australischen Aborigines wählen einmal im Jahr, nämlich zur Sommersonnenwende, einen Meister. »Das ist ein Mann, der sich als solcher in ungewöhnlicher Weise hervorgetan hat«, berichtet der Ethnologe Gilles Tapies. »Dieser Mann muß den Frauen des Stammes gefügig sein, wobei in einen Stein gemeißelt wird, in welcher Hütte er in welcher Nacht zu erscheinen habe. Die Leistungen eines solchen Meisters sind für unsere Begriffe unvorstellbar, ja, sie übersteigen die kühnen Angaben, welche Frank Harris und Grigori Jefimowitsch über die sexuell Hochbegabten gemacht haben.«

Tapies begleitete einen solchen Meister über mehrere Wochen lang Nacht für Nacht und stellte am Ende fest: »Der Meister erweckte mein Mitleid, als er selbst keine Freude und Befriedigung aus der rastlosen Tätigkeit zu ziehen schien. Es waren allein die Frauen, welche ihrer Begeisterung Luft machten. Der Mann selbst hingegen verfiel zusehends und war gegen Ende des Sommers kaum mehr ein Schatten seiner einst blühenden Erscheinung.« Genau diese Wirkung muß die amerikanische Soziologin Kate Preston vor Augen gehabt haben, als sie in ihrem Werk *Women's Victory* (1992) schrieb: »Nennt den Mann euren Herrn, nennt ihn euren Meister, dann wird er bald euer Untertan sein.«

Messe. Als schlichte Lüge muß gelten, was die Bremer Soziologin Karen Pauli jüngst behauptet hat: Daß Männer auch auf Messen immer nur dem Thema Nummer eins nachjagen. Sie finden nämlich in dem Gedränge niemals Kraft dazu. Im Gegenteil, sie fürchten sich davor. Auf der Cebit mangelt es an Sauerstoff, auf der Automesse an Platz, und auf der Möbelfachmesse stehen immer triefäugige Vertreter neben den frisch bezogenen Betten. Aber was eine Bremer Soziologin ist, die findet natürlich genug Stoff, um ein ganzes Buch nur über *Männer, Messen und Hostessen* zu schreiben und ausgiebig zu jammern und zu klagen (*Bremer Schriften zur Soziologie*, Band 114, Bremen 1996).

Gewiß, berüchtigt ist dieser Vorfall auf der Wiener Reisemesse, als das reizende kleine Inselvolk der Malediven seine schönsten Schönheiten auf den Stand geschickt hatte. Die sollten werben für den Urlaub im Indischen Ozean, und sie hielten es für angebracht, das nackt zu tun. Oder beinahe nackt. Das Interesse für die Malediven war jedenfalls groß. Es wuchs. Am ersten Tag ließ der benachbarte Aussteller Norwegen sich die Konkurrenz gefallen. Vielleicht schämte man sich dort der großformatigen, jedoch kargen Fjordlandschaften. Wahrscheinlich waren die Abgesandten aus Oslo auch dankbar. Doch am zweiten Tag regte sich Protest. Und am dritten Tag war Schluß mit dem Zauber. Denn die Hallen der Messe waren »wie leergesogen«, während rund um die Malediven »feuerpolizeilich nicht mehr tragbare Verhältnisse« herrschten. Was wohl heißen sollte: Die Beamten drangen nicht durch zum Ort des Geschehens und reagierten erbost. Lang vorbei, doch unvergessen.

Und dann gab es den tragischen Fall einer kleinen Schweizer Käserei, die auf der Berliner Grünen Woche Aufsehen erregen wollte, was auch gelang. Man muß sich zunächst die Konkurrenz vor Augen halten: Rosige Däninnen werben da für Esrom und Danbo in alarmierend ausgeschnittenen Trachten. Sogenannte Meisjes repräsentieren Holland in Dekolletés, bei deren Anblick Männer sofort an den Einkauf von Milchprodukten denken. Und da wollte die kleine Käserei Nägeli mithalten. Sie ließ zwei Hostessen mit Schildern nebst Proben herumspazieren. Auf den Schildern stand: »Die vollmundigen Emmentaler mit den leckeren Löchern«. Zwei Tage lang zumindest, dann schritt jemand ein. Wir wissen nicht, was aus dem Umsatz geworden ist. In diesem Jahr stellten die Nägelis nicht mehr aus. Vielleicht, weil nun auch ihr Name bekrittelt wurde?

»Männer reagieren auf Messen, als seien sie plötzlich von der Leine gelassen«, schreibt Frau Pauli und zitiert ein Vorkommnis auf dem Genfer Automobilsalon. Da präsentierte eine italienische Edelmarke ihren neuen

Prototyp mit einer Signorina auf dem Kühler. Das ist nichts Ungewöhnliches, doch diese Signorina war angekleidet wie Ilona Staller im italienischen Wahlkampf, also überhaupt nicht. »Am dritten Messetag durchbrachen gierige Männer die Absperrung«, behauptet Frau Pauli. »Das Model kam nur unter Mühen und mit Schrammen und schweren Blessuren davon.« Meint sie das Model oder das Modell? Doch wohl letzteres. Auf Nachfrage kann sich in Genf nämlich keiner der organisierenden Herren des Vorfalls entsinnen, und das ist das Entscheidende: Männer erinnern sich einfach nicht an Frauen, die auf Autos sitzen. Sie nehmen Hostessen grundsätzlich, und erst recht im Genfer Salon, nur als schmückende Zutat, meistens aber überhaupt nicht wahr.

Und womöglich ist es diese Mißachtung, die der Soziologin zum Problem wird? Frau Pauli verschweigt die Untersuchungen des marktforschenden Wiener Brunner Institutes, welches regelmäßig das Messe-Echo untersucht. Die Besucher werden am Ausgang gefragt, was ihnen am meisten Eindruck gemacht hat. Na, und was? Natürlich Bits, KW, PS, MHz, Design, Ausstattung, Technik, kurz die Ausstellungsstücke und deren Leistung. Hostessen landen vor dem »Anfahrtsweg« und den »Parkplätzen« auf Platz 18 (von 20). Bei den Ausstellern selbst, also bei den Vertretern an den Ständen, kommen sie freilich auf Platz 9.

Doch auch dann werden sie eher unter technischen Gesichtspunkten gesehen. Das beweist die folgende Anekdote, die Frau Pauli empört wiedergibt und die wir gern weitererzählen: Hannover, Maschinenbaumesse, reine Männersache, abends in der Kneipe hocken nur Kerle, starren ins Glas und sind sehnsüchtig. Da, man glaubt es kaum, treten zwei Frauen ein. Der

Wirt richtet sofort zwei Spots auf sie und ruft: »Kopf nach links, Jungs! Spaltbares Material in Sicht!« Der Wirt wurde von den Damen wegen sexueller Belästigung angezeigt, ebenso vier Herren, die über den Scherz gelacht hatten. Nein, Männer haben keine Lust auf Messen. Inzwischen haben sie Angst davor.

Monogamie. »Sich auf nur einen Partner zu spezialisieren, hält die gesamte Natur für so unnatürlich, daß sie es bleiben läßt«, tadelte Papst Pius X. in seiner berühmten Enzyklika *De mala naturae* (»Über das Schlechte der Natur«, 1911). Zwar gibt es durchaus Tiere, die monogam leben (Nilpferd, Ente, Elefant), doch hat der Mensch »die Einehe auf das höchste verfeinert« (Pius X.). Es gibt indes Menschen, die solche Verfeinerung wohl anstreben, jedoch nie erreichen, und andere, die sich gar nicht erst darum bemühen. »Die Monogamie ist etwas Heiliges«, seufzte 1961 der evangelische Philosoph Paul Tillich. »Und wir müssen sie wohl den Heiligen überlassen.« Doch auch die haben Probleme. Bereits Urvater Moses war gleichzeitig mit vier Frauen verheiratet und gebot: »Dein Same soll werden wie der Staub auf Erden, und du sollst ausgebreitet werden gegen Abend, Morgen, Mitternacht und Mittag.« Auf ihn berief sich der heilige Augustinus, als er sich bemühte, seine eigenen vier Gattinnen »abends, morgens, mittags und mitternachts zu erkennen«. Erst als das schwieriger wurde, plädierte er für die Monogamie, und als es gar nicht mehr ging, für das Zölibat. Der heilige Nikolaus hatte nach eigenem Bekenntnis »größte Mühe, meinen drei Ehefrauen jeden Morgen etwas Neues in die Stiefel zu füllen«. Und der heilige Georg erschlug nach Auskunft der Chronisten einen feuerspeienden Drachen einzig, »um sieben

Jungfrauen, die von dem bösartigen Tier bedroht wurden, zu Eheweibern zu gewinnen«. Erst im 19. Jahrhundert wurde die Einehe zum moralischen Gesetz erhoben. Seit kurzem jedoch scheint sich das zu ändern. »Immer mehr Männer bekennen sich zur Monogamie«, stellt das Regensburger Institut für Demoskopie fest. »Und das nicht, weil sie die ungehemmte Ausbreitung von Seuchen fürchten, sondern weil sie die ungehemmte Lust von Frauen fürchten.« Auf die Frage nach der Einhaltung der Monogamie antworteten im Frühjahr 1995 immerhin 91 % der Männer, sie sei »dringlich und wünschenswert« – gegenüber nur 21 % der Frauen. Damit hat sich ein entsprechendes Umfrageergebnis von 1965 geradewegs verkehrt. Damals plädierten 89 % der Frauen, aber nur 32 % der Männer für die Monogamie. In ihrem Buch *Die Rückkehr der Amazonen* (Hamburg 1993) schreibt Annemarie Stoltenberg: »Eine Frau, die nicht mit mindestens drei Männern verheiratet ist, ist keine echte Ehefrau.« Uns, den Autoren dieses Handbuches, scheint das verstiegen, übertrieben, doch auf jeden Fall alarmierend, denn es belegt einen unheilvollen Trend.

Mutter. Knapp die Hälfte aller Söhne fürchtet ihre Mütter noch im Erwachsenenalter. Das jedenfalls hat das Münchener Institut für Kultursoziologie im Frühjahr 1995 ermittelt. Woher diese Furcht rührt, ist nicht einfach zu erklären. Regieren Mütter vielleicht in das Leben ihrer erwachsenen Söhne hinein? Versuchen sie Einfluß zu nehmen, wo sie sich eher zurückhalten sollten?

Der Komponist Alban Berg fiel 1913 bei der Uraufführung zweier seiner Lieder völlig durch. Es kam zum Skandal und zu Handgreiflichkeiten. Das Publikum

forderte ihn zu einer öffentlichen Entschuldigung auf.
Berg äußerte: »Das haben Sie meiner Mutter zu ver-
danken«. Aus Furcht vor ihr habe er sich in atonale
Experimente geflüchtet. Er wolle es nie wieder tun.
Doch er tat es immer wieder.

Albrecht Dürer wurde von seiner Mutter gezwungen,
ein Porträt von ihr anzufertigen. Frau Goethe forderte
ihren Sohn auf, in Thüringen ein »Reich der Mütter« zu
gründen. Der Physiker Thomas Edison wurde von seiner Mutter genötigt, ein Verjüngungsmittel zu erfinden, was unbeabsichtigt zur Entwicklung der Glüh-
birne führte; als die Mutter sich in deren Licht sah,
verstieß sie den Sohn. Die Mutter des Regisseurs David
Lean zwang ihren Sohn, ihr in jedem seiner Filme »wenigstens eine Nebenrolle« zu geben, »damit ich auf
dich aufpassen kann«. Der britische Zehnkämpfer
Daley Thompson fand seine Mutter bei den Common-
wealth-Spielen 1978 erwartungsvoll in der Kugelstoß-
Grube hockend und mußte sie auf die Tribüne führen,
wo sie auf einem Platz neben der Queen bestand, andernfalls würde sie ihren Sohn nicht antreten lassen.

Mütter fordern gern etwas, von dem sie glauben, sie
hätten einen Anspruch darauf: Liebe. Erhalten sie
nicht genügend davon, können sie streng werden. Der
furchtlose Boxer Mike Tyson ging vor seiner Mutter in
die Knie, wenn sie ihn wegen mangelnder Aufmerksamkeit zurechtwies. Regelmäßige Besuche bei ihr
gehörten für ihn wie bei vielen anderen Söhnen zur
furchtsam erfüllten Pflicht.

Der Unternehmer Max Grundig wußte nicht ein noch
aus, wenn seine Mutter sich im Büro ankündigte. Ihr
schneidender Kommentar zu seinem Radiobaukasten
›Heinzelmann‹ – »Wenn du immer noch nicht mehr zustande bringst als einen Baukasten, muß ich mit meiner

Erziehung von vorne anfangen!« – peinigte ihn so sehr, daß er Tag und Nacht arbeitete, bis sein Modell ›Weltklang‹ fertiggestellt war. »Zu spät«, war die patzige Anmerkung seiner Mutter, als er ihr das erste Gerät vorführte. »Inzwischen bin ich schwerhörig!«
Eine Mutter muß nicht so unnachgiebig regieren wie die jiddische Mamme, die ihrem Sohn schon im Sandkasten-Alter ihre Erwartung eintrimmt:»Reinkommen, mein Zweistein, jetzt wird gearbeitet!« Es genügt, daß eine Mutter überhaupt etwas erwartet. Der Sohn, der stets das Gefühl hat, daß er seiner Mutter etwas Großes zu verdanken hat – nämlich sein Dasein –, sieht sich ewig in ihrer Schuld. Aus dieser Schuld ein Schuldgefühl zu machen, ist leicht. Aber auch wenn das nicht geschieht, versucht er ein Leben lang, was nicht gelingen kann: diese Schuld abzutragen.

Nachspiel. Mit dem Nachspiel, hieß es bereits 1985 in einer von der Zeitschrift *FürSie* in Auftrag gegebenen Untersuchung, stehe es in deutschen Schlafzimmern nicht zum besten. Zwar hielten 81 Prozent der Männer das Nachspiel für sehr wichtig, doch nur 19 Prozent, fanden die Interviewerinnen enttäuscht heraus, hatten die Kraft es anzukurbeln und nur sieben Prozent, es auch durchzuhalten. Guter Wille ist auf männlicher Seite durchaus vorhanden. So äußerte sich bereits der Boccia-Spieler Konrad Adenauer in seiner frühen und umstrittenen Streitschrift *Vom Kugeln und Kegeln* unverblümt und doch verschlüsselt: »Nach dem Spiel sollte man sich mit geschlossenen Augen zurücklehnen und die getane Leistung genießen – alles andere grenzt an Viecherei«. Auch andere bedeutende Politiker beschäftigen sich mit diesem Teil des erotischen Akts. Der ehemalige Sozialdemokrat Rudolf Scharping äußerte in seiner Abschiedsrede vor dem Bundestag: »Wir sind es uns allen schuldig, besonders aber den Frauen, Rentnern und Arbeitslosen. Mit dem Nachspiel eröffnen wir eine neue Phase des solidarischen Miteinanders, die uns allen das Letzte abverlangt. Das sollte die Bundesregierung endlich einsehen und sich nicht sperren.«

Während Männer dem Nachspiel offenkundig positiv, wenn auch hinfällig, gegenüberstehen, ist es für Frauen völlig unerläßlich – und genau das jagt Männern Furcht ein. Margaret Thatcher, die »Rostige Lady«, scheint viele Jahre lang eisern gewesen zu sein, wie ihr Mann Dennis den Biographen unter Stocken anvertraute. Von Rosa Luxemburg heißt es in zeitgenössischen Berichten, daß sie nach jeder nächtlichen Revisionismusdebatte ein heftiges Nachspiel forderte – und es fanden viele solche Debatten in ihrem Schlafzimmer statt.

Die sanftmütige Kinderbuchautorin Astrid Lindgren wurde einmal in ihrem Leben grob, als man ihr nämlich vorwarf, mit Pippi Langstrumpf könne es nicht ewig so weitergehen. Wann sie denn zur Frau werde? »Sie wird alles Notwendige erfahren«, soll Astrid Lindgren geantwortet haben; sie arbeite gerade an einem solchen Buch und sei nun beim wichtigsten Kapitel, welches nichts anderes behandele als das Nachspiel.

Sensiblen Männern läuft es hier kalt den Rücken herunter. Frauen nehmen das aber nicht zur Kenntnis, vielmehr beharren sie unermüdlich auf jenen Teil des Liebesspiels, der Männern nun mal nicht besonders liegt. Die ehemalige DDR-Schriftstellerin und heutige Stadtteilschreiberin von Marzahn, Christa Wolf, weist unerbittlich darauf hin: »Wer mir nahe kommen will, muß den Bitterfelder Weg gehen und das Nachspiel zum ›Geteilten Himmel‹ mit mir feiern.« Bislang fand sich kein Bewerber.

Denn für den Mann ist die Angelegenheit mit dem Orgasmus beendet. Er braucht seine Ruhe und glaubt fest, er habe sie verdient. Bei der Frau hingegen meldet sich im selben Moment ein zärtliches Verlangen. Ohne ihn um Erlaubnis zu bitten, übernimmt sie die Rolle der Führenden. Voller Wärme und Innigkeit drückt sie sich an den Liebhaber. Sie streichelt und küßt und, was bedenklicher ist, sie will gestreichelt und geküßt werden. Daraus spricht Dankbarkeit. Das ist recht so, denn sie hat soeben höchste Wonnen empfangen. »Doch einmal muß alles sein Ende haben«, lehrte der Komponist Arnold Schönberg seine Frau Gertrud in dem berühmten *Brief über den Nachklang*. »Entspannung lockt, Schlaf ruft. Der Mann reagiert verstimmt, wenn seine Frau das nicht merkt. Aller Nachklang in Ehren, aber es muß ein Verklingen sein, kein Wiederaufflackern der vergangenen Symphonie.« Daß es sich bei Schönberg niemals um eine Symphonie, sondern leider stets um knappe Etüden gehandelt habe, hat Frau Gertrud später süffisant ihrem Zweitmann erzählt.

Die Autoren dieses Buches halten jenes Nachspiel für das schönste, dessen Kürze durch die unvergleichliche Intensität aufgewogen wird: Es besteht aus einem liebevollen Blick im Dunkeln mit anschließendem zarten Zuklappen der Augendeckel.

Nähe. Es ist schon ein Klischee, doch es ist wahr: Männer mögen niemanden an sich herankommen lassen. Jedenfalls nicht, so lange es ihnen gutgeht. Goethe floh nach Italien, als Charlotte vom Stein ihm nahekam. Alfred de Musset stürzte sich in den Amüsierbetrieb von Paris, nachdem ihm George Sand erklärt hatte, sie liebe ihn und wolle mit ihm leben. Cosima Wagner nannte ihren Richard verbittert einen »Meister der Distanz«. Jean Paul Sartre habe bis zu seinem Ende eine furchterregende Unnahbarkeit behalten, berichtet Simone de Beauvoir. Die vielbedauerte Diana klagte in einem Fernsehinterview, Charles habe sich jedesmal entzogen, wenn sie ihm nahekommen wollte. Und Cindy Crawford sagte über Richard Gere. »Es war, als hätte er immer eine unsichtbare Mauer um sich. Erst als ich entschlossen war zu gehen, öffnete er sich.«

Das sind nicht nur Probleme von Prominenten. Alle Männer scheuen das, was Frauen als Nähe bezeichnen. Standard-Begründung von Psychologen: Anders als Mädchen, müssen sich Jungs früh von der Mutter abnabeln, um ihre Identität als Mann zu finden. Sie entdecken diese Identität also in der Distanz zu der ersten, prägenden Frau – und halten danach Abstand auch zu jeder anderen.

»Ich fürchte mich bereits vor einem Abend mit Kerzenschein«, schrieb der Regisseur Ingmar Bergman. Freundlich gemeinte Ankündigungen am Morgen (»Heute abend wollen wir es uns gemütlich machen«) wirkten auf ihn wie ein Alarmsignal. Bergman: »Der Drehtag ist verhext und gerät aus den Fugen. Ich ertappe mich dabei, wie ich ständig darüber nachsinne, ob es nicht ein Entrinnen gibt. Ich möchte dem entgehen, was die Frau Nahsein nennt, was für mich aber Enge bedeutet, was für sie Austausch ist, was mir jedoch wie bohrende Inquisition vorkommt – selbst wenn sie gar nichts fragt. Ich möchte mich nicht austauschen, solange ich an einem Projekt arbeite, ich möchte nichts hergeben, wenn ich mir selbst noch nicht sicher bin.

Und ich bin mir nie sicher. Erst wenn ich in einer Sackgasse stecke, frage ich sie, ob ihr ein Ausweg einfällt.« Diese Haltung ist nicht auf monomane Intellektuelle beschränkt. Abende voll Nähe, Kerzenschein und Glück seien für ihn aufreibend und strapaziös, erzählte der gemütvolle Boxer Max Schmeling. »Wenn die Frau sich die Nägel lackiert, die Beine enthaart und ein Käsesoufflé mit Zuckerschoten vorbereitet hat, reißt die Kluft zwischen den Geschlechtern unheilvoll auf.«

Kein Kuß für Mutter! nehmen sich pubertierende Jünglinge vor und tragen diese Maxime mit hinaus ins Leben. Das Max-Planck-Institut für Entwicklungspsychologie wollte 1993 wissen, was Männer in einer Beziehung als den schlimmsten Streß empfänden. Ergebnis unter den 20-40jährigen: Wenn sie den Satz sagen müßten »Ich liebe Dich«. Offenkundig wollen Männer in ihrer Beziehung Situationen vermeiden, in denen Zärtlichkeit, Gefühl oder Hingabe von ihnen erwartet werden. Wird dergleichen nicht erwartet, sondern womöglich abgelehnt, sind sie viel eher zum Geben bereit.

»Nur wenn ich selbst den aktiven Part spiele, ist mir wohl«, berichtet der Schauspieler Jack Nicholson. »Dann kontrolliere ich das Geschehen. Ich muß den Eindruck haben, die Frau zu bezwingen. Wenn ich das Tempo in der Beziehung bestimmen kann, vermag ich auch die Barriere zu den Gefühlen zu überspringen.« Nähe will er also schon, der Mann. Aber er will sie selbst herstellen. Denn seine eigenen Gefühle auszuforschen oder gar zu bekunden, fällt ihm schwer. Mit ihnen umzugehen, ist ihm weniger geläufig. Und selbst wenn er glaubt, sich über seine Gefühle im klaren zu sein, verschwimmen sie ihm wieder, sobald die Frau ihm unversehens nahe rückt. Die Nähe, die von ihr ausgeht, assoziiert er mit Mütterlichkeit; die mag ihm gelegentlich willkommen sein, je älter er wird, desto mehr; doch bedeutet sie den Gegensatz zu erotischer Nähe. Erotisch anziehend ist ihm das Fremde und Wankelmütige, nur das, was er erobern und bezwingen muß.

»Macht nicht soviel Brimborium um dieses Thema!« rief Marlene Dietrich. »Jede Frau kann die männliche Angst vor Nähe knacken, indem sie sich entzieht. Dann auf einmal rückt er ihr nach. Mach dich ihm fremd, dann will er mit dir verschmelzen. Mach dich unnahbar, dann gibt es für ihn nichts Schöneres als Nähe!«

Neonlicht. Idi Amin Dada, in den siebziger Jahren Alleinherrscher über Uganda, rühmte sich, mehr als tausend Kinder gezeugt zu haben. Diplomaten an seinem Amtssitz hörten diese Prahlerei oft genug, nicht mehr jedoch nach der aufwendigen Renovierung seines Palastes im Frühjahr 1978. »Idi Amin schien an Sex auf einmal kein Interesse mehr zu haben«, stellte die belgische Botschafterin Lucette Demeulmeester enttäuscht fest. Die Ursache wußten weder sie noch die dreizehn ständigen Ehefrauen des Idi noch wohl er selbst. Er kam auch nicht wieder zu Kräften, statt dessen verfiel er und mußte ein Jahr später aus dem Lande gejagt werden. Inzwischen kennen wir den Grund der plötzlichen Kraftlosigkeit.

Aus den jüngst veröffentlichten Memoiren des Psychiaters Alan Zilbergeld geht nämlich hervor, daß Zilbergelds bewunderter Lehrer, der große Wilhelm Reich, im Herbst 1949 ganz ähnliche Erfahrungen sammeln mußte. Reich betrieb damals in New York ein »Institut für Psychoanalyse und Orgodynamik«. Ausgerechnet

bei der Anwendung seiner Theorie, speziell bei der
»therapeutischen Übertragung meiner höchsteigenen
Orgon-Energie auf ausgewählte Klientinnen« muß es
zu blamablen Pannen gekommen sein. »Wir hatten
den Meister noch nie so geknickt gesehen«, berichtet
Zilbergeld. »Die charmantesten Schülerinnen sagten
sich unbefriedigt von ihm los, und von den Fachkolle-
gen hagelte es schadenfrohe Kommentare. Voller
Selbstzweifel zog Reich sich zurück, bis er, beim Anblick eines Weihnachtsbaumes mit brennenden Kerzen, auf die Lösung des Rätsels kam: Das Neonlicht ist
schuld!«

Tatsächlich waren die Gebäude des Institutes im September 1949 mit Neonröhren ausgestattet worden. Zilbergeld läßt durchblicken, daß die beliebte und um-
raunte Orgon-Übereignung direkt vom Meister auf die
Schülerin von Oktober an nicht mehr stattfand. »Reich
war einfach nicht mehr in der Lage dazu, und er
konnte sich nicht erklären, weshalb.« Den Blitz der Er-
kenntnis beim Anblick brennender Kerzen hat außer
dem Meister niemand miterlebt. Sicher ist nur, daß er
noch am Weihnachtsabend eine Sekretärin anrief und
sie zu sich bat, mit dem enthusiastischen Ausruf: »Ich
kann wieder Orgon übertragen!« Sicher ist auch, daß
er in der ersten Woche des neuen Jahres alle Neon-
leuchten aus seinem Institut entfernen ließ, und daß etliche Schülerinnen sich noch vor Ende des Semesters
wieder einfanden. Reich lehrte fortan, daß Neonlicht
»die zentrale Lebensenergie, nämlich die orgasmische
Energie schädigt, wenn nicht vollständig lähmt«.

Diese Ansicht ist häufig belächelt worden. Mittlerweile
jedoch ist Reich rehabilitiert. Das Erfurter »Institut für
biologisches Bauen« verurteilt Neonlicht als einen
»Hauptschädiger des Testosterons«. Der Guru des

Kundalini-Yoga, Sri Daratta Dayananda, hält »ein Aufsteigen der Säfte bei Neonbeleuchtung für ausgeschlossen«. Tantra-Kurse finden bei solchem Licht gar nicht erst statt. Und was Idi Amin betrifft, so ist heute noch in Ugandas Hauptstadt Kampala zu besichtigen, was er unmittelbar vor seinem Verfall in allen Räumen seines Palastes installieren ließ: eben Neonlicht. Eine Umfrage unter spanischen Männern entlarvte Neon jüngst als einen der »Hauptfeinde der Erotik«; die Befragten dachten allerdings mehr an die äußerliche Wirkung des Lichtes; schließlich läßt es die Haut fahl und grau erscheinen.

Der Autor dieser Zeilen muß eine unglückliche Begebenheit während seiner Schuljahre auf diesen bleichenden Effekt zurückführen. Aller Kleider ledig, sah die Englischlehrerin Miss Hubbard unter dem schattenlosen Licht so geheimnislos aus, daß kein Reiz mehr zu entdecken war und er aufgab. Seine angestrebte Versetzung konnte daher nicht stattfinden. Ein späteres Scheitern im lokalen Finanzamt muß er dagegen mit neonbedingter Orgon-Einbuße begründen. Voll zentraler Lebensenergie war er ins Amtszimmer getreten; die Beamtin hatte kurz darauf sogar die Tür verriegelt; indes, das Neonlicht blieb an. Anders kann der Autor sich jedenfalls seine Kapitulation nicht erklären und auch nicht die Höhe der folgenden Nachzahlung.

Als Gegenmittel braucht, wer lange oder womöglich tagtäglich dem Neonlicht ausgesetzt war, eine Vollspektrum-Tageslicht-Lampe. Der Lichtstrahl wird auf die betroffene Körperzone gerichtet, bis neues Leben erwacht. Bei Verführungen in Büroräumen, Kaufhäusern oder Ausnüchterungszellen reicht es, die Beleuchtung rechtzeitig auszuschalten. »Falls das nicht möglich ist«, schreibt der Hamburger Amtsarzt Dr. Peter

Paschen, »stellen Sie sich vor, Sie seien in den grellen City Lights unterwegs, ein Lonesome Rider, der bald wieder in die Schatten verschwindet und nur ins Helle kommt, um am Wegesrand eine Frau mitzunehmen. Summen Sie dabei mit Lou Reed: ›Nothing turns me on like neon does‹«.

Nymphomanin. Frau mit gutem Appetit, dem auch Männer leicht zum Opfer fallen können. Berühmte Nymphomaninen: – Kleopatra, die sich in einem Tempel große Mengen junger Männer als Sklaven hielt. Mit ihnen praktizierte sie alle erotischen Spielarten, von denen leider einige in Vergessenheit geraten sind. Sie soll es mit bis zu hundert Männern in einer Nacht getrieben haben. – Katharina die Große. Sie mußte sechsmal am Tag befriedigt werden und behauptete, daß Sex das beste Schlafmittel sei. Nicht geklärt ist, ob Schlaf die Folge ihres aufreibenden Geschlechtslebens war, oder ob sie durch sexuelles Treiben Orpheus' Arme zu erreichen suchte, weil sie ihn für den besten Liebhaber hielt. – Lola Montez hatte erotische Affären mit unzähligen Männern, von Franz Liszt bis zu Alexandre Dumas d. J. wie dem d. Ä. Ihr Appetit war europaweit bekannt. König Ludwig I. von Bayern machte sie zur Baronin, weil sie ihm »zehn Orgasmen in zwölf Stunden verschafft« hatte. Die zeitgenössische Nyphomanin lebt meist im verborgenen. Herrschende Moralvorstellungen erlauben es ihr nicht, ihren Appetit öffentlich zu bekunden. Dennoch gibt es auch für sie Lösungsmöglichkeiten. Auch wenn sie noch so ausgefallen sein mögen, Männer haben meist ein offenes Ohr für Wünsche von Nyphomaninnen. Dieses gilt es gezielt zu suchen, am besten unter Vermeidung aggressiver Symbolik. Trotz zahlreicher Ängste der

Männer vor sexuell wachen Frauen, gelingt dies immer häufiger (F. Busche: *Die aktive Frau. Eine Zahlenreihe.* Samelsbach 1995), so daß man durchaus sagen kann: die Nyphomanin blüht, wenn auch im verborgenen.

One Night Stands. Karen Dean ist frustriert. Die Reporterin, die für die Los Angeles Times die Hügel und Täler von Beverly Hills auskundschaftet, fürchtet um ihren Arbeitsplatz. »Es ist nichts mehr los. Seit Warren Beatty Ehemann und Vater ist, bleibt er zu Hause. Mike Douglas erzählt neuerdings, er sei treu, und hält sich leider auch daran. Jack Nicholson behauptet, er habe vor dem Fernseher Spaß genug, und anscheinend ist das die Wahrheit.«
Es liegt nicht am Alter. Diese Männer waren stets verläßliche Hengste. Mit den jungen ist erst recht nichts los. Verdrossen geht die Späherin die Liste der Teenie-Schwärme durch: Tom Cruise, Brad Pitt, Dennis Quaid, Johnny Depp, Matthew Broderick. »Keine flüchtigen Abenteuer. Keine Eskapaden. Keine Overnight-Amouren. Die sind treu. Und es sieht so aus, als müßten sie sich nicht mal darum bemühen. Die haben einfach keine Lust mehr auf Affären.« Die New York Times hat auf der Seite für Vermischtes auch schon vorsorglich Alarm geschlagen. Das Bedürfnis nach flottem Sex käme den Männern so langsam wie sicher abhanden. Die Generation der Wall Street Baby Boomer sei die letzte gewesen, die am munteren Bettenwechsel Spaß gehabt habe. »Schnelle Seitensprünge sind out.«
Statistisch ist das beinahe wahr. Auch im erotisch gut informierten Mitteleuropa. Vor allem den Männern im Alter zwischen 18 und 35 ist der Appetit auf One Night Stands vergangen. Vergleiche mit Untersuchungen von 1987 zeigen zehn Jahre später einen eindeutigen

Trend: Es geht abwärts mit der Untreue. »Die sexuelle Triebkraft schwindet dramatisch!« meldete noch erschrocken der Sexualwissenschaftler Ernest Borneman, bevor er Tabletten aß. Sein Göttinger Kollege Prof. Uri Aran sieht es gelassen: »Einen Mann, der Selbstmord macht, wenn er keine Erektion mehr kriegt, werden Sie in der jüngeren Generation vergeblich suchen. Die meisten sind froh, wenn sie schlaff sind. Motto: Kein Trieb, keine Aufregung.«

Tatsächlich meldet die Statistik nüchtern: Die Häufigkeit wechselnder Sexualkontakte hat sich gegenüber 1987 um mehr als die Hälfte vermindert. Und seit 1992 steigt das Alter, mit dem Männer ihre ersten sexuellen Erfahrungen machen. Bis dahin war es kontinuierlich gesunken. Jetzt, so scheint es, lassen sich die Jungs Zeit. Und wenn sie dann endlich verbandelt sind, ziehen sie sich nur noch für die treue Partnerin aus. Sind das alles Erschlaffte? Oder haben sie Besseres zu tun? Finden sie etwa »tiefe Erfüllung in treuer partnerschaftlicher Zuneigung«, wie der Experte Johannes Paul II. mutmaßte?

»Sie kriegen genug Sex«, meint die Klagenfurter Anthropologin Karin Björnöy. »Mehr als genug. Und genau das ist der Grund für die Zurückhaltung. Die permanente Bombardierung mit Sex in den Medien stillt den Hunger.« Sex gibt es ohne Ende auf Video. Im Internet. Im Film. In Talkshows wetteifern bekennende Voyeure, Sodomiten, Sadomasos miteinander. Dazu kommt ein Trommelfeuer unerbetener Ratschläge, wie und was wann und wie oft zu tun sei. Ergebnis: Mediensüchtige Männer sind pappsatt schon vor dem Essen. Und können nur noch müde abwinken. Und legen, wenn die Libido dann doch mal drängt, lieber kurz selbst Hand an. Weil das nicht so aufwendig ist.

Und noch etwas kommt hinzu. Im Kokon der Zweisamkeit erleidet jeder noch so wüste Trieb den Wärmetod.
Durch zuviel Harmonie. Ob die Massenmedien es nur
so darstellen, oder ob es wirklich so ist: Die Welt erscheint in den *action news* krisenhaft und bedrohlich.
Deshalb rücken Paare enger zusammen, suchen Nest-
wärme, heiraten wieder früher und setzen häusliche
Eintracht gegen äußere Unsicherheit. »Aber Sex
braucht das Knistern«, lehrt ausgerechnet Friedens-
pfarrer Friedrich Schorlemmer. »Sex lebt von Spannungen, von Reibereien, auch von Aggressionen.
Wenn um des Friedens willen Konflikte und Streit ver-
mieden werden, geht das auf Kosten der Erotik.« Männer, die für ihre harmonische Partnerschaft dankbar
sind, haben selten ein aufregendes Liebesleben. Und
sie verspüren auch kein Bedürfnis danach. Denn
um der hausgebackenen Eintracht willen haben sie,
ohne es zu merken, vitale Triebe stillgelegt. Selbst
schuld.
Und dann essen sie auch noch zuviel! »Ein gutes
Steak«, hat der zünftige Mel Gibson gesagt, »ist besser
als schlechter Sex«. Umgekehrt wird ein Schuh draus,
predigt nun der renommierte Biochemiker Prof. Arno
Klos. Weil das Steak gut ist, wird der Sex schlecht. Im
Erklärungsnotstand für das Ende der One Night Stands
kommen die Forscher nämlich auf die eigentümlich-
sten Ideen. Vom Eiweiß-Overkill ist die Rede. Aran:
»Zuviel Eiweiß ist ein Lusttöter.« Je größer der Überschuß an Fleisch und Milchprodukten in der Ernährung, desto schwerer, müder, stumpfer werde die Sinn-
lichkeit. Für die eigene Partnerin bleibe noch ein
Streicheln übrig, meist in Tateinheit mit herzhaftem
Gähnen. Für den schnellen Seitensprung bleibt nur der
dankende Verzicht.

Oder ist das nur ein Generationenproblem? Die siebziger Jahre waren zweifellos das Goldene Zeitalter der Promiskuität. Die optimistische Reagan-Ära brachte noch mal ein kräftiges Aufflackern, übrigens trotz Aids. Für diesen Gezeiten-Wechsel haben unsere Freunde, die Sterndeuter, eine leuchtende Erklärung parat: Erotik-Planet Pluto ist schuld. Der stand zur Geburtszeit der Hippie- und »Wer einmal mit derselben pennt«-Generation im Sternbild Löwe. Das bedeutete nach Astro-Lesart: Großzügiger, möglichst grenzenloser Sex. Im Horoskop der jetzt 24 – 34jährigen steht Pluto in der Jungfrau, und das heißt: vorsichtiges, wohldosiertes Liebesleben. Im Horoskop der 13 – 23jährigen steht er dagegen in der Waage und sorgt dafür, daß ihnen Harmonie über Erotik geht. Die Kinder jedoch, die nach 1984 geboren sind, haben den Pluto im Skorpion, und diese Generation, meinen die Astrologen, wird wieder ein unvergleichlich intensives Sex-Life haben. »Herrlich!« freut sich Dr. Michael Dehn, gesundheitspolitischer Sprecher der CSU. »Wir Männer müssen uns nur rechtzeitig jüngere Liebhaberinnen sichern!«
Oder ist es der Computer? Ersetzt der Mann die One Night Stands durch nächtliche Sitzungen am Joystick? Ja, das tut er. Und Bildschirme törnen ab. Der emsige Pariser Soziologe Léo Jammes hat es auf eine simple Formel gebracht: Je mehr die Leute fernsehen oder vor einem PC sitzen, desto weniger Lust haben sie. Und in seiner Untersuchung ging es nicht um Rentner, sondern um Powerboys und Working Girls zwischen 16 und 29. Neurophysiologen haben auch schon die Erklärung nachgeliefert. Um erregt zu werden, muß das Gehirn Glückshormone ausschütten, sogenannte Endorphine. Im Strahlengewitter eines farbigen Bildschirms jedoch wird es permanent dazu animiert, diese

Endorphine auszukippen, und zwar in kleinen Portionen. Nach zwei bis drei Stunden ist der Speicher erst mal leer. »Jemanden, der den Abend vor dem Monitor verbracht hat, noch sexuell zu erregen, ist schwer bis unmöglich«, hat Jammes festgestellt. »Und daß er selbst auf sexuelle Gedanken verfällt, ist so gut wie ausgeschlossen.«

Die Autoren dieses Buches halten das alles für Unsinn. Doch es ist gut, Erklärungen parat zu haben, wenn die Lust einmal fehlt. Aber grundsätzlich sind nicht die Männer, sondern die Frauen lahm geworden! Sie buttern alle Kraft, meist übrigens vergeblich, in die Karriere, produzieren statt weiblicher Sexual-Lockstoffe männliche Hormone und killen ihre eigene Lust durch Streß. Wenn also die Herren Cruise, Pitt, Quaid, Depp, Broderick und wir, die wir ihnen ähnlich sind, nicht so oft zum Schuß kommen, dann liegt das nicht an ihnen und nicht an uns. Dann liegt das, wer würde daran zweifeln, an den Frauen.

Jeder Mann hat inzwischen seine Erfahrungen gemacht mit diesen männlich hormonisierten Girls, die in die Macho-Rolle schlüpfen. Sie versuchen, als Jägerinnen aufzutreten. Sie glauben, sie übernähmen die Initiative, wenn sie ohne Umschweife »Zu dir oder zu mir?« fragen. Das hat ihnen irgendein Frauenmagazin eingeredet, mit der dazugelieferten Illusion, so benähmen sich »starke Frauen«. Aber so benehmen sich nur ahnungslose Frauen. Frauen, die nicht verstehen, daß die Männer die Jäger sind, und zwar seit ungefähr zwanzigtausend Jahren. Und daß weder die Gene noch die Erfahrungen durch die Lektüre eines Bad-Girl-Ratgebers aufzuwiegen sind. Nein. Sorry. Wenn die grauen Ladies die einzigen sind, die noch für One Night Stands zur Verfügung stehen, dann lassen wir es lieber. Dann warten wir doch besser ab und freuen uns schon auf die Frauen mit Pluto im Skorpion.

Phantasie. Frauen, hat Friedrich der Große gesagt, hätten einen guten Blick für die Wirklichkeit, jedoch keine Vorstellungskraft. Sie könnten Farben unterscheiden, äußerte van Gogh, aber nicht malen; das sei ihr Mangel an Imagination. Sie gingen gern ins Theater, behauptete Arthur Schnitzler, aber sie könnten keine Stücke schreiben, es fehle ihnen die Erfindungsgabe. Sie würden niemals etwas Bleibendes komponieren, prophezeite Gustav Mahler, denn sie seien bar jeder Einbildungskraft. Sie hätten, sagte Picasso kurz und knapp, keine Phantasie.

Doch all das ist, leider, nicht die Wahrheit. Frauen haben eine enorme Vorstellungskraft, ihre Erfindungsgabe hat keine Grenze, ja, ihre Phantasie ist groß und unverschämt, und zwar immer dann, wenn ihnen die Wirklichkeit nicht ausreicht. Mit Wirklichkeit meinen wir natürlich immer: die männliche Wirklichkeit. »Frauen schließen beim Beischlaf die Augen«, schrieb Südstaaten-Autorin Margaret Mitchell. »Aber nicht aus Keuschheit, sondern aus Lust. Aus Lust auf einen anderen Mann, dessen Bild auch sofort vor ihrem inneren Auge erscheint.« Mrs. Mitchell erläuterte damit zwar die Gewohnheit der Scarlett O'Hara, die sich in ehelichen Nächten gern einen gewissen Rhett Butler vorstellte. Doch wir können davon ausgehen, daß die Autorin nicht nur aus eigener Erfahrung sprach, sondern daß sie – im keuschen Amerika der dreißiger Jahre – erheblich untertrieb, wenn sie ihrer Heldin nur einen einzigen Phantasie-Lover gönnte. Die scheue Greta Garbo habe es mit allen ansehnlichen Männern von Hollywood getrieben, erzählte Schauspieler Mel-

vyn Douglas, der persönlich nicht das Vergnügen hatte, aber kleine Nickerchen der Diva während der Drehpausen belauschen konnte. Sie sprach im Schlaf. »Die Phantasie der Frauen ist unheimlich«, verriet Sir Alfred Hitchcock im Gespräch mit François Truffaut. »Sie schlafen mit einem und stellen sich vor, sie treiben es mit dem Freund ihrer Freundin. Oder mit dem Halunken aus der Kellerwohnung. Mit dem Hotelportier. Dem Taxifahrer. Mit einem Fremden ohne Gesicht. Mit ihrem Daddy. Ihrem Bruder. Mit mehreren auf einmal. Sie erleben lustvolle Vergewaltigungen. Und je ungezügelter diese Phantasien sind, desto ungetrübter scheint ihr reales sexuelles Erleben.« Für Hitchcock war das im Alter ein Grund, die Phantasie seiner Gefährtin noch anzustacheln. »Auch wenn ich wußte, daß bei ihrem Stöhnen nicht ich gemeint war: Zum Trost habe ich mir gedacht, irgendwo liebt eine Frau ihren Ehemann und denkt, er sei Alfred Hitchcock.«
Indes, dem weniger ruhmreichen Mann bleibt solcher Trost verwehrt. Und aus einer internen Untersuchung deutscher Scheidungsanwälte wissen wir, daß die fremdgehende Phantasie der Frau zwar selten der Hauptgrund für eine Scheidung ist, als nebensächlicher Grund jedoch häufig genannt wird (27 % der Fälle). Und das nicht zufällig, meint die Professorin für allgemeine Weltanschauungsfragen, Uta Ranke-Heinemann: »Sehen Sie sich doch die Ehemänner an. Meinen Sie, die Frauen könnten ohne Phantasie mit denen auskommen?«
Nur beneidenswert unwissende Männer können glauben, ihre Anstrengungen und Opfer reichten aus. Seit den Frühzeiten der Evolution versucht der Mann unter Aufbietung aller Kräfte, die Frau zu beeindrucken. Doch kaum meint er, das sei gelungen, stellt sie sich ei-

nen anderen vor. Er strengt seine Phantasie an, um ihr zu gefallen. Sie strengt ihre Phantasie an, um sein Bild von ihrer inneren Leinwand zu löschen. Und da soll ihm nicht bange werden? »Der Mann fürchtet die Phantasie der Frau, weil sie sich seiner Macht entzieht und ihn als Versager enthüllt«, frohlockt das Mannheimer Institut für Feminine Sexualforschung. Die femininen Forscherinnen ermutigen jede Frau dazu, wenigstens in der Einbildung ungehemmt Männer zu verbrauchen. »Starke Typen, süße Jungs, skalpierte Rowdies. Greenpeace-Helden, Abenteurer und Soldaten. Moslems, Afrikaner, Außerirdische. Es gibt keine Grenzen. Augen schließen, Film ab und genießen!« Schließlich habe der reale Lover ja auch etwas von der Begeisterung, sofern frau ihm den Grund nicht offenbare.

Daß sie das zuweilen doch tut, geschieht in der Regel aus Versehen. Doch es geschieht. Der gebeutelte Autor dieser Zeilen ist in dunklen Schlafgemächern in letzter Zeit mit Ausrufen wie »Johnny!«, »Brad!« und »Keanu!« gequält worden. Dahinter, so gestand die betreffende Frau auf Nachfrage, verbargen sich Johnny Depp, Keanu Reeves und Brad Pitt. Zumindest deren Phantasiebilder. Und gegen die ist ein realer Mann ohne Chance.

»Frauen verschönern in ihrer Phantasie die Wirklichkeit«, hat der Philosoph Ernst Bloch festgestellt. »Männer erschaffen mit ihrer Phantasie eine Gegen-Wirklichkeit. Sie flüchten in Kunst, Architektur, Forschung, Technik, Erfindung.« Es bleibt ihnen auch gar nichts anderes übrig.

Powerfrauen. Frauen mit Power. Von Männern zu Recht gefürchtet, jedoch schon wieder im Aussterben begriffen. Die einstige Heldin der Powerfrauen, Julie Burchill, fühlt sich nach eigenem Bekunden inzwischen »als Heimchen am Herd pudelwohl«. Die Amerikanerin Sarah Cohen, deren *Power Book for Women* Anfang der neunziger Jahre ein Millionenseller wurde, sagt sich inzwischen von ihren alten Thesen los: »Die Powerfrauen waren eine Art hormoneller Betriebsunfall, weil ihre Mütter männlich überdosierte Pillen genommen hatten.« Es gebe wohl noch welche. Doch die benähmen sich »lediglich wie ein Mann, dem man den Schwanz abgebissen hat«. Die Autoren des vorliegenden Buches distanzieren sich ausdrücklich von dieser harschen Ausdrucksweise. Sie hoffen, daß es auch weiterhin Powerfrauen geben wird. »Wer«, fragte jüngst noch der Frankfurter Sozialwissenschaftler Henning Inselmann, »sollte das Geld ranschaffen, den Abwasch und die Kindererziehung erledigen, wenn nicht eine Powerfrau?«

Quickie. Kurzform des Geschlechtsverkehrs, meist in stehender Haltung und mit Blick auf die Armbanduhr ausgeführt. Hing ursprünglich unmittelbar mit Zeitnot zusammen. Allmählich wurde der Quickie als eigenständige Variante entdeckt. Es gehört in unseren Tagen zur Palette des allgemeinen Lustlebens, der sog. Volkslust. Vor allem Männer schätzen die Schnelligkeit, die dem Quickie eigen ist. Aus ihrer Sicht wird ihnen nicht viel Zeit geraubt, und sie können sich alsbald wieder wichtigen Dingen zuwenden. Die männliche Furcht bezieht sich auf nicht endende Liebesnächte, die noch den nächsten Tag in Mitleidenschaft ziehen. Die Frau dagegen sieht in solchen Nächten gerade die Erfüllung ihres Liebeslebens, weshalb sie den Quickie lediglich als Notnagel akzeptiert (Pfarrer Gert

Schmöckel: *Quickie und Querelen. Über Zeitmaß und Zeittakt an deutschen Türen und Bordüren.* Vagershausen 1991). Die raffinierte Frau läßt sich auf den Quickie ein, wie der Geschwindigkeitsforscher Paul Virilio nachgewiesen hat, versucht mit ihrem Geliebten jedoch auf den Wogen der Lust von dannen zu treiben. Virilio: »Sie reicht dem Hungrigen gewissermaßen durch einen Spalt ein Stückchen Käse; hat er angebissen, führt sie ihn an die gedeckte Tafel, und der Quickie ist überwunden.« Wie sich der Mann dagegen zur Wehr setzen kann, ist ungewiß, doch arbeiten bereits maskulinistische Arbeitsgruppen an Gegenstrategien.

Rasur. »Das Barbieren«, schrieb der Ritter Leopold von Sacher-Masoch, »zählt ohne jeden Zweifel zu den unerhörtesten erotischen Betätigungen.« Was hatte der fragwürdige Adelige im Sinn? Betrachtete er sich etwa bei der morgendlichen Rasur im Spiegel und geriet schon darüber ins Schwärmen? Oder schabte er so gern mit dem Messer an seiner Gurgel herum? Nein. Zur Rasur holte er sich einen anderen ins Haus, nämlich einen angesehenen Barbier namens Cazotte. Doch von diesem Cazotte wissen wir nicht nur, daß der Ritter eine sehr empfindliche Haut hatte, sondern auch, was er am Barbieren so erotisch fand.

»Es waren die Gerätschaften«, teilte Cazotte mit. »Der Ritter entlieh des öfteren bei mir für gutes Geld die Utensilien: Messer, Schleifsteine, Riemen, Becken und Schemel. Ich weiß nicht, wofür er sie benötigte.« Ganz genau wissen wir es auch nicht, sicher ist aber, daß der Ritter mit Hilfe der Gerätschaften und zur Freude einiger Damen der Wiener Gesellschaft etwas unternahm, was er »Barbieren« nannte und was keineswegs der Entfernung von Barthaaren diente. »Mit seiner vielgerühmten Rasur«, notierte die Hofmarschallin Doderer in ihrem Tagebuch, »zeigte er sich auch mir als ganzer Mann.«

So ähnlich, wenngleich aus harmloserem Anlaß, haben sich zahlreiche Ladies geäußert. »Einem schönen Mann beim Rasieren zuzusehen«, gehörte für die parfümierte Sex-Diva Mae West »zu den anregendsten Freizeitbeschäftigungen«. Das klingt bescheiden. Doch bereits von der nymphomanen Messalina, der Mutter Neros, berichten zeitgenössische Geschichtsschreiber, sie habe ihre Lakaien zunächst beim Rasieren beobachtet, bevor sie sie zu sich auf den Divan befahl. An der Rasur, behauptete Audrey Hepburn, könne man die Männlichkeit eines Mannes erkennen. Frankreichs Schauspielerin Beatrice Dalle begeistert sich sogar dafür, »wie einer den Schaum anrührt«. Janis Joplin fand das Kratzen der Klinge an den Bartstoppeln »inspirierend«. Und der kalifornischen Sex-Ratgeberin Carol Wheaton verdanken interessierte High School Girls den Hinweis: «So wie er mit Pinsel, Schaum und Rasierapparat umgeht, so wird er mit dir im Bett umgehen. Nachlässig oder kunstvoll? Rüde oder sanft? Pingelig oder großzügig? Hastig oder genießerisch? Sieh hin!«

Von elektrischer Rasur ist offenbar selten oder gar nicht die Rede. Allein die spanische Autorin Mercedes Avril rühmt dem Elektro-Rasierer auch elektrisierende Anziehungskraft nach. In ihrem Roman *Verfehlungen* fühlt sich die Heldin vom Surren eines Rasierapparates augenblicklich stimuliert. Doch weshalb? »Es erinnerte sie an ihren Vibrator.«

Das sind die Frauen. Für Männer ist die Rasur weit weniger erfreulich. Und manchen macht sie sogar Angst. Ausgerechnet Muhammed Ali besorgte sich lieber »eine zuverlässige Enthaarungscreme«. Hemingway fand das Ritual »in seiner Blutrünstigkeit dem Stierkampf gleich«. Errol Flynn, der die elektrische Alternative noch nicht kannte, benutzte Frauen, um die Rasur zu erleichtern. »Bevor man mit einer Frau schläft, ist die Spannung der Haut eine andere als hinterher«, lehrte er. »Hinterher rasiert es sich besser.« Er habe es häufig nur deshalb mit einer Frau getrieben, um wenig später in optimaler Glätte eine andere zu verführen. Die Sache mit der Hochspannung stimmt, bestätigen Hautärzte. Doch raten wir nicht, Flynns Rezept zu befolgen. Das Rasieren allein ist schon zeitraubend genug.

Rivalen. Der verunglückte Rennfahrer Ayrton Senna hat einmal gesagt, was ihn auf dem Parcours vorantreibe, sei allein die Angst. Die Angst vor den anderen. Den Konkurrenten. »Ohne Angst vor dem Rivalen«, meinte er, »gibt es keinen Ehrgeiz und keinen Sieg.« Psychologen sehen den Mechanismus genau umgekehrt: Je größer der Ehrgeiz, desto mehr wächst die Angst vor möglichen Konkurrenten. Wenn sein Ehrgeiz auf die große Karriere zielt, beäugt der Mann argwöhnisch alle, die ihm in die Quere kommen könnten. Will er als Tenniscrack im Club siegen, packt ihn die Nervosität beim Anblick eines guten Spielers. Wenn sein Ehrgeiz im Bett am größten ist, hegt er die geheime Furcht, er könne von anderen Liebhabern übertrumpft werden. »Das Konkurrenzbewußtsein der Männer ist die Wurzel vieler psychosomatischer Symptome«, sagt die Kölner Therapeutin Eva Hartmann. Wie kann eine Frau vorbeugen? »Indem sie auch andere als die Macho-Qualitäten an ihm lobt.«

Sammelwut. »Ich weiß nicht, was es war«, schrieb Casanova am Ende seiner Memoiren, »vielleicht war es nur Sammelleidenschaft.« Ja, vielleicht. Der Edelmann kam als Gast auf Schloß Dux zu diesem Schluß, in einem Saal, an dessen Wänden die beträchtliche Trophäensammlung des Grafen Waldstein prangte und in den Vitrinen die Münzsammlung desselben Herrn. Dieser Anblick mag Casanova beeinflußt haben.

Doch neue Forschungen geben ihm recht. Nicht allein Liebe ist es, was Männer von einer Frau zur anderen treibt, auch nicht der dumpfe Trieb oder der harte Befehl der Evolution, in kurzer Frist möglichst oft die eigenen Gene weiterzugeben. Nein, es ist Sammelwut.

Die französische Anthropologin Nadine D'Artagnan hat das zweifelsfrei ermittelt. »Während die Frauen sich seit der Steinzeit weiterentwickelt haben«, schreibt die Forscherin, »sind die Männer Jäger und Sammler geblieben«.

Lassen wir das mit den entwickelten Frauen mal beiseite, dann bleibt etwas Wahres. Ja, richtig, Männer sind stets auf der Pirsch, um Trophäen einzusacken. Sie jagen nach Schmetterlingen und spießen sie auf. Nach kostbaren Uhren und schließen sie ein. Nach alten Weinen und trinken sie nie. »Sie jagen und sammeln«, seufzt die Forscherin, »und wissen nicht, warum.« Warum auch? Muß denn alles einen Sinn haben? Möglichst noch einen praktischen? Ja, das muß es. Jedenfalls sind die meisten Frauen dieser Ansicht. Und weil sie dieser Ansicht sind und von Männern faßbare Gründe und Rechtfertigungen verlangen, eben deshalb fliehen diese in die Sammelleidenschaft.

Zu unser aller Glück. Denn Großes kommt dabei zustande. Die erste Enzyklopädie der Welt entsprang der

117

Sammelleidenschaft des Dichters Diderot; er wollte einfach mal alles Wissen sammeln. Die großen Kunstsammlungen der Welt sind allesamt von Männern aufgebaut (und manchmal von Frauen ererbt). Queen Victoria sammelte zwar Gemälde, aber sie tat das lediglich, weil es sich für einen Throninhaber ziemte. Und natürlich hatte sie einen männlichen Berater, der für sie die Sammlung zusammenstellte, denn von Kunst verstand sie nichts. Männlicher Sammelwut ist alles zu verdanken, was wir über die Erde wissen, sie sammelten Pflanzen und Tiere und Steine und Sterne. Ja, und Frauen, sammeln die etwa nicht? Doch natürlich. Die sammeln Rabattmarken. Oder eigens hergestellte Sammelteller und Sammeltassen. Auch getrocknete Kleeblätter. Und falls sie kinderlos sind, Puppen und Stofftiere. Noch was? Ach ja, Schuhe, Kleider, Juwelen. Was ist der Unterschied zum männlichen Sammeln? Ganz einfach. Weibliches Sammeln hat einen praktischen Sinn. Rabattmarken lassen sich zu Cash machen. Die Sammelteller zieren die Wohnung. Die Puppen dienen als Ersatz. Die Kleeblätter als Freude im Alter. Die Juwelen zur Aufwertung der eigenen Person.

Männliches Sammeln ist sinnfreies Spiel. Oder ist es etwa sinnvoll, immer neue Schmalspurloks zu erwerben, um sie im Kreis fahren zu lassen? Sämtliche Achttausender innerhalb eines Jahres zu besteigen? Uhren unter Glas zu verschließen? Autos zu horten, wenn eins genügt? Weine im Keller zu stapeln, die garantiert nicht mehr trinkbar sind? Das Guinness-Buch verzeichnet männliche Sammlungen von alten Kursbüchern, gekrümmten Streichhölzern, seltenen Dachziegeln, Blasrohren, Zahnspangen, Dampfmaschinen, Giraffen, Toastern, antiken Zigarren. All das ist nutz-

los. Überflüssig. Unbrauchbar. Und wenn es einen Sinn
hat, dann nur einen, aber der ist kostbar. Männliches
Sammeln hat den Sinn, einen Raum der Freiheit zu
schaffen in der Welt des Matriarchats, in der wir nun
einmal leben. Mögen alle Jäger und Sammler glücklich sein.

Schwiegermutter. Im Jahre 1994 wurde ein altes Tabu
gebrochen. Zu verdanken ist das dem Präsidenten der
Filmakademie von Nizza und seinem Star-Anwalt
Patrick Réaumur. Anlaß war jener Mordfall, der zwei
Jahre davor die Gesellschaft der Côte d'Azur gespalten
hatte. Der Präsident der Akademie hatte die Mutter
seiner Frau beim Nachmittagscafé von der Dachterrasse geworfen, obwohl sie (die Schwiegermutter) ihr
Tortenstück noch nicht ganz aufgezehrt hatte. Im
Prozeß machte Réaumur die Beweggründe für den
Mord so plausibel, daß der Angeklagte freigesprochen
wurde. Es ist wahr, daß seit diesem Urteil in Frankreich
ungewöhnlich viele Schwiegermütter den Tod fanden.
Und wir hoffen mit dem Erzbischof von Marseille, daß
sich »die Todesrate bald wieder auf das Normalmaß
einpendelt«. Doch Réaumurs Argumente scheinen so
schlagkräftig, daß sie auch in Deutschland bekannt-
gemacht werden sollten.
Spätestens mit der Ehe, wies der Anwalt nach, erobert
die Schwiegermutter jenen Platz, den im Leben jedes
Mannes bis dahin seine Mutter innegehabt hat: den
Platz der älteren weiblichen Autorität. Der Mann kann
es nicht ändern, »denn das Einvernehmen zwischen
Mutter und Tochter ist von Natur aus viel stärker als
das zwischen Mutter und Sohn«. Charles Aznavour hat
einmal gesagt: Mit der Heirat verliert der Mann die
Frau, die stets auf seiner Seite war, und gewinnt zwei,

die im Zweifelsfall gegen ihn stimmen. Dem Bündnis seiner Frau und ihrer Mutter jedenfalls steht der Mann wehrlos gegenüber, denn er durchschaut es nicht. »Die Kommunikation zwischen den beiden gleicht einer fortgesetzten Konspiration«, berichtete Richard Burton nach seiner dritten Scheidung. »Sie kommen zu verschwiegenen Absprachen zusammen, die nur einem Ziel dienen: dem Mann den letzten Rest der Macht zu rauben.«

Der Rechtsgelehrte Réaumur führte noch ein anderes Faktum ins Feld: Früher oder später erkennt der Mann in der Schwiegermutter das gealterte Abbild seiner Frau. Er begreift, wohin sie sich entwickeln wird. Und er findet daran keinen Gefallen. Réaumur: »Je länger die Ehe währt, desto wachsamer registriert der Mann, wie seine Frau immer mehr ihrer Mutter gleicht. In seinem Schwiegervater, im allgemeinen einem gebrochenen, hoffnungslosen Alten hat er dagegen vor Augen, wo sein eigener Weg enden wird – sofern er nichts unternimmt.« Der Präsident der Filmakademie, und mancher Franzose nach ihm, hat etwas unternommen. Ungestraft. Denn Réaumur konnte für den Sturz von der Dachterrasse noch einen charmanten Grund anführen, der das Gericht vollends überzeugte: »Da der Mann in der Schwiegermutter das gealterte Abbild seiner Frau erblickt, verwirklicht er mit der Auslöschung dieses Bildes seinen unbewußten Wunsch, das Altern der eigenen Frau zu stoppen.«

Wir meinen: Der Wunsch mag berechtigt sein, doch das mörderische Mittel taugt nicht zu seiner Verwirklichung. Das Altern, zumindest das von Frauen, ist nicht zu stoppen. Und es ist frappierend, daß feministische Kreise genau gegenteilig argumentieren. Der Mann fürchtet die Schwiegermutter nicht, weil er sich von ihr abgestoßen fühlt, hören wir da, sondern weil er sie insgeheim begehrt. Germaine Greer will mit ihrem Aufsatz The Unlawful Mother-in-law (1993) nachweisen, daß alle Männer ältere Frauen begehren. »Weil diese aber meist verehelicht sind, heiraten sie deren Tochter«. Nach Greer wäre die enorme erotische Kraft einer älteren Frau ohnehin zuviel für einen Mann. »Er nimmt die Tochter als harmlosere Ausgabe der Schwiegermutter.« Zufrieden stelle ihn dieser Ersatz indes nicht, weshalb es nach Beobachtung der Autorin häufig zu intimen Beziehungen zwischen Männern und ihren Schwiegermüttern komme, manchmal vor, gelegentlich auch während der Ehe.

Uns klingt das wie der allzu rosige Wunschtraum einer alternden Frau. Viel wirklichkeitsnäher erscheint uns die jüngste Entwicklung in Papua-Neuguinea. In dem archaischen Staat war es bislang Pflicht, daß ein Ehemann vor seiner Hochzeit mit der Schwiegermutter schlief; sie entschied dann, ob er ehetauglich sei. Eine breite Parlamentsmehrheit bemüht sich zur Zeit, dieses Gesetz abzuschaffen, da darin der Hauptgrund für den Rückgang der Eheschließungen zu suchen sei. Es ist interessant, welche Lobby dagegen den Aufstand probt: keineswegs ein Interessenverband heiratswilliger junger Männer, sondern die »Gemeinschaft der Schwiegermütter von Papua«. Eindringlich warnen sie vor der »Preisgabe einer bewährten und wohltuenden Tradition«.

Noch besteht diese Tradition. Und es wundert uns keineswegs, daß ausgerechnet Gisela Breckwoldt, stellvertretende Chefin der neugegründeten Deutschen Seniorinnen-Partei (DSP), zur eiligen Übernahme dieser Sitte rät. »Verachten wir nicht die Naturvölker«, erklärt sie. »Wir können soviel von ihnen lernen!« Kleiner Tip: Die Dame ißt häufig Kuchen im Restaurant auf dem Fernsehturm.

Sekretärin. Henry Ford beherrschte den US-Automarkt im ersten Drittel unseres Jahrhunderts, obwohl er nur ein Verkaufsmodell anbot, die berühmte Tin-Lizzie. Er selbst aber fühlte sich lange Zeit beherrscht, und zwar, wie er kurz nach ihrem Tod mitteilte, von seiner Sekretärin. »Sie war Herrin über meine Zeit, sie wußte alles, regelte alles; sie war eine herbe Göttin«. Der erste DDR-Vorsitzende Walter Ulbricht wurde von seiner langjährigen Sekretärin Lotte Kreisler »an meinem Arbeitsplatz derartig herumkommandiert und gefoltert, daß ich mir oft wie in einem unserer sozialistischen Straflager vorkam«. Robert McNamara, amerikanischer Verteidigungsminister der Kennedy-Ära, befehligte ein Heer von Militärs und Ministerialbeamten. Er selbst hingegen folgte den Kommandos seiner Sekretärin Cinderella Pfeiffer.

Männer in Führungspositionen fürchten ihre eigene Sekretärin, Männer in unteren Rängen fürchten jede andere. »Du rufst irgendwo an, da ist diese gelangweilte oder genervte Stimme dran«, erzählt der ehemalige Chef Karl Eduard von Schnitzel. »Sie beginnt, dich zu verhören: Wer sind Sie? Was wollen Sie? Bitte genauer! Ja, der hat im Moment keine Zeit. Er ist in einer Konferenz, in einer Besprechung, außer Haus, zu Tisch, beschäftigt oder gerade gegangen. Würden Sie bitte später noch einmal anrufen? Bittet man sie, etwas auszurichten, läßt sie einen die Zumutung spüren, die das für sie bedeutet. Nichts wird sie ausrichten. Weil sie ihre Macht nicht aus der Hand geben will.«

Der österreichische Unternehmensberater Hofrat Franz Kattnig: »Bei der Vermittlung von Sekretärinnen ist höchste Vorsicht am Platz. Frauen, die Sekretärinnen werden wollen, sind Wölfe im Schafspelz. Kaum in ihrem Job, werfen sie den Pelz ab und zeigen ihre wahre Natur.« Einer seiner letzten Klienten habe das schmerzhaft am eigenen Leibe erfahren. Der Klagenfurter Senator für Drehorgelspieler und geistig Schwache, Kommerzienrat Siegbert Gagalko, wurde von seiner Sekretärin auf die Straße gesetzt. Sie war empört darüber, daß er sie an der Lektüre des *Maximundus* hindern wollte, einem pornographischen Führer durch die Landeshauptstadt. Kattnig:»Wenn Sekretärinnen ihren Chef nicht heiraten können, wollen sie wenigstens seine Moral kontrollieren.«

Hat sich eine Sekretärin auf ihrem Posten festgezeckt, ist ihr Machtzuwachs unausbleiblich. Sie führt den Terminkalender ihres Chefs, sie verwaltet seine Zeit und seine Aufmerksamkeit. Er kann nur selten nachprüfen, wer angerufen hat, wer ihn besuchen wollte und wen sie abgewiesen hat. So greift sie nicht nur in seine beruflichen Abläufe ein, sondern auch in die privaten, und mitunter regelt sie sein ganzes Leben. Kattnig: »Wir sprechen in einem solchen Fall von neurotischer Symbiose«.

Wie eine solche Symbiose konkret aussieht, schilderte der leitende Manager eines Ludwigshafener Chemiekonzerns, Dr. Dennis Roeseler, im August 1996 im *Boten für die Pfalz:*»Meine Sekretärin wußte nach einem Jahr alles über meine Besucher, geschäftlichen Anrufer und privaten Kontakte. Sie bewahrte Ersatzhosen, Hemden und Krawatten im Büro für mich auf, am Ende auch Socken und Unterhosen. Sie mischte nach eigenem Rezept ein Rasierwasser für mich. Sie buk Plätzchen, in die sie Aphrodisiaka mischte. Aber ich blieb standhaft. Ich ertrug sie als Regisseurin, Gouvernante, als mein höheres Selbst, bis sie meiner Gemahlin gegenüber durchblicken ließ, ich träfe mich heimlich mit anderen Frauen. Bis dahin hatte ich aus Furcht eine übergroße Duldsamkeit walten lassen.« Selbst schuld.

Selbstwertgefühl. Bei Männern in früheren Zeitaltern gut ausgeprägt. Feministisch geprägte Gruppen nagen jedoch seit einigen Jahren am männlichen Selbstwertgefühl »wie an einem Knochen, der zu groß und unverdaulich für sie ist« (Gerlind Petershagen). Vereinzelt ist sogar beobachtet worden, daß verunsicherte Männer bei den Frauengruppen mitnagen. Hier handelt es sich um sogenannte Irrläufer.

Fragen wir uns nach den Gründen für das verbleichende männliche Selbstwertgefühl, finden wir bei psychologischen Autoritäten rasch Antwort und Hilfe. So beruft sich Franz Thiekötter bei seiner Untersuchung *Von der Lust, ein Mann zu sein* (Bürgel, 1993) auf die Heilige Schrift. Der Mann sei zuerst erschaffen worden, die Frau stamme aus einer seiner Rippen. Auch für den evangelischen Dichter und Bischof Franz Wilhelm Lehmann wurzelt das Fundament des männlichen Selbstwertgefühles in religiösen Traditionen. Bedauerlich sei freilich, daß im christlichen Abendland diese Traditionen zurückgedrängt seien. Heute würden sogar Fragen wie ›War Jesus eine Frau?‹ diskutiert mit dem selbstverständlichen Ergebnis: Sie war eine Frau, spätere Fälschungen versuchten nur, diese Tatsache zu verschleiern.

Neben Jesus werden vom Feminismus inzwischen folgende Persönlichkeiten als Frauen reklamiert (Auszug): Gott, Alexander der Große, Sokrates, Hannibal, Kaiser Konstantin, Mohammed, Karl der Große,

Shakespeare, Heinrich VIII., Ludwig XIV., August der Starke, Bach, Mozart, Friedrich der Große, Voltaire, Beethoven, Franz Schubert, Chopin, Ludwig II. von Bayern, Rudolf Steiner, Thomas Mann, Sitting Bull, der Dalai Lama, Frank Sinatra, Michael Jackson. Letzterer hat sich bislang als einziger damit einverstanden erklärt.

Im Mahlstrom solcher Auseinandersetzung droht ein wichtiges Faktum unterzugehen: daß nämlich Männer ohnehin ein viel labileres psychisches Gleichgewicht besitzen. Zieht man ihnen letzte vermeintliche Besitzstände noch unter den Füßen weg, kann das verheerende Folgen für beide Geschlechter haben.

Denn um zu neuem Selbstwertgefühl zu gelangen, muß ein Mann eine bedeutende Leistung vollbringen. Das kann der Umbau des Schrebergartens sein, die Erfindung einer Zeitmaschine, die Entwicklung eines dreistöckigen Friedhofs oder die Kreation eines geruchlosen Parfüms.

Für die Frau, die diesem Mann in seiner Entfaltung zusehen und Beifall klatschen muß, bedeutet das ohne Zweifel Verzicht. Warum sollte sie es überhaupt soweit kommen lassen? Warum sollte sie sich diese Suppe einbrocken, wenn das Auslöffeln so anstrengend wird?

»Auch wenn es wissenschaftlich noch nicht endgültig bewiesen werden kann«, schreibt das frühere Parlamentsmitglied Rita Süssmuth, »es ist allen Frauen dringend zu empfehlen, am männlichen Selbstwertgefühl weder zu kratzen noch zu nagen, sondern es so zu belassen, wie es vom HErrn gemeint ist: glänzend und bewunderungswürdig.«

Sex 1. (von ahd. sexawa = sei vergnügt mit dir und anderen) meint heute die durch Brauchtum festgelegten körperlichen Entspannungstechniken eines Mannes oder einer Frau, allein, gemeinsam oder in der Gruppe. Der monogame Sex (una cum uno) wird fälschlich auch als Onanie bezeichnet und ist verbreiteter als gemeinhin angenommen wird. Der Grund ist psychologisch-soziologischer Natur und kann durch das Sprichwort »Jeder ist sich selbst der Nächste« umschrieben werden. Wie neuere Untersuchungen ans Licht gebracht haben, findet diese Form des Sex immer mehr Anhänger, die – da sie nicht teilen wollen – auch Puristen genannt werden. Der polygame Sex (uno cum severalis) gilt nach wie vor als die häufigst praktizierte Variante. Sein Ziel ist das Ausleben des sexuellen Triebes mit einem anderen Partner. Freilich mündet dies häufig in Formen der Frustrierung, die Sigmund Freud »das Unbehagen in der Kultur« genannt hat. Diesem »Unbehagen« wollen immer mehr Menschen entgehen und wählen deshalb die Gruppe als Form und Forum ihrer polygamen Wünsche (uno cum allo). Die Gruppe erst verleiht ihnen jene Bande des Zusammengehörigkeitsgefühls, das nach wie vor einer Entspannungstechnik eigen sein sollte; deshalb auch Bandensex genannt. 2. »Give me more Sex«. Unter Musikern gebräuchliche Redewendung; Forderung nach mehr Saxophonen.

Spontaneität. Einem Mitmenschen Spontaneität zu bescheinigen, gilt als hohes Lob. Tatsächlich aber ist spontanes, also unmittelbares Handeln zwischen Frau und Mann ein Pflaster, auf dem man leicht ausrutscht. Der Sexualwissenschaftler Ernesto Rößler: »Spontaneität in erotischen Beziehungen kann befreiend wirken, führt aber häufig zu unguten Gefühlen und Frust.« Nur anhand von Beispielen läßt sich diese Behauptung erläutern. Der Biograph von Marcello Mastroianni weiß von seinem Helden zu berichten: In jungen Jahren entbrannte Marcello in heftige Liebe zu einer etwas älteren Frau. Er entblößte sich spontan vor ihr, was diese veranlaßte, ihm eine Ohrfeige zu geben, auch das spontan. Von Barbara Streisand ist bekannt, daß sie kein Blatt vor den Mund nimmt. Sie verguckte sich in einen jungen Regieassistenten und teilte ihm mit: »Komm nach der Szene in meine Kabine. Ich bin wahnsinnig scharf auf dich.« Der junge Mann mißverstand die spontane Äußerung der Diva, er bekam es mit der Angst zu tun, und wechselte ins Drehbuchgeschäft. Auch der Fotograf Helmut Newton tappte in die Spontaneitäts-Falle. Er hatte zwei gutaussehende Frauen zum Fototermin bestellt. Die beiden wußten nicht, daß Newton neben Aktfotos auch Fotos für die Werbebranche herstellt, wofür er sie engagiert hatte. Die beiden Frauen zogen sich, als sie Newtons ansichtig wurden, sogleich bis auf Strapse, Strümpfe und Schuhe aus. Der Meister deutete dieses spontane Verhalten falsch und zog sich gleichfalls aus, was bei den beiden Frauen Verwirrung hervorrief, so daß sie sich nach einiger Zeit wieder anzogen und gingen. Spontaneität, so Ernesto Rößler, sei nur ganz auszuleben in »gehärteten Beziehungen«. »In frischen Beziehungen oder jungen Liebschaften wird sie häufig zur Quelle von Mißverständnissen, die betrübliche Konsequenzen nach sich ziehen können.« Der Sexualwissenschaftler empfiehlt deshalb »dosiertes spontanes Verhalten«. Sowohl Frau wie Mann sollten mit kleinen Schritten ausprobieren, wie weit sie gehen können.

Spuk. Weshalb Heinrich VIII. ausgerechnet Katharina Howard enthaupten ließ, ist Historikern lange ein

Rätsel geblieben. Katharina galt nicht nur als schönste Frau Englands, sie war überdies bei weitem die jüngste und frischeste Gemahlin des Königs. Vor allem aber gelangte der alternde König dank ihrer Künste zu unverhoffter, ja bislang unerreichter Manneskraft. Jedenfalls für einige Zeit. Dann aber muß es ein Ereignis gegeben haben, daß diese Manneskraft jäh zum Einsturz brachte »wie ein Erdbeben den Turm einer stolzen Burg zum Einsturz bringt, auf daß er nimmer wieder aufersteht«. So hat es Heinrichs Höfling Thomas Culpeper beschrieben. Seinem Bericht verdanken wir die Kenntnis vom Ende Heinrichs VIII. als Mann und zugleich die Begründung für die Enthauptung der Katharina Howard.

Demnach fand das entscheidende Ereignis auf Penrith Castle statt, einem Sommerschloß des Königs im Lake District. Im September 1541, bei einem amourösen Urlaub des Paares, »ging nächtens ein Rasseln und Klirren wie von schweren Ketten durch das Schloß, welches den König von der ehelichen Bettstatt emporschrecken ließ«. Culpeper berichtet, daß Heinrich die Burg mit Fackeln durchsuchen ließ; allein, in keinem der Räume waren Ketten oder schweres Eisengerät zu finden. In der nächsten Nacht, »der König wollte abermals seiner Gemahlin beiwohnen«, hörte er eine dürre Stimme rufen, darauf fegte ein Heulen und Jaulen durch die Gänge, »welches ihn schaudern machte und klein werden ließ«. Weitere Unbill folgte in den anschließenden Nächten. »Gräßliches Lachen wie von hämischen alten Weibern« hallte durch das Gemäuer, dann »Klagen wie von verendenden Tieren«, später Klappern und Scheppern, Pfeifen und Winseln. Kurz, der König kam nicht zur Ruhe, und noch schlimmer, er kam nicht zu jenem Erfolg, den er bekanntlich stets als

»siegreiches Eindringen in das feindliche Gebiet der
Frau« beschrieb. »Er vermochte nicht einzudringen«,
erläutert Culpeper, »weder in diesen Nächten noch
fürderhin.« Daß er dem Spuk erlegen sei, mochte
Heinrich indes nicht bekanntgeben. Er löste das Problem auf bewährte Art: Katharina, Zeugin seines Ver-
sagens, wurde ein halbes Jahr später geköpft, mit ihr
der des Spukes angeklagte Thomas Culpeper, von dem
nur der schriftliche Nachlaß blieb.

Uns steht solch bequeme Art der Problemlösung meist
nicht zu Gebote; allerdings werden wir auch seltener
von Spuk gequält. Im Schwäbischen, zwischen Urach
und Münsingen, liegt an der Straße ein ländliches Ho-
tel, das seit ein paar Jahren nur noch als Café betrieben
wird. Es spuke dort, erzählt man in der Gegend; und
zwar so, »daß Männern, die hier eine Liebesnacht verbringen wollten, plötzlich das Talent und die Fähigkeit
dazu schwanden«. So berichtet es ein regionaler Reise-
führer, der den Spuk einem Inkubus in die Schuhe
schiebt. Ein Inkubus ist ein Geist, der Männern die
Kraft raubt, um in der Nacht die Frau selbst heimzusu-
chen; da es sich um einen Geist handelt, merkt die Frau
im allgemeinen nichts davon. Der Inkubus genießt sein
Vergnügen also ohne Reue, der Mann hingegen ist gestraft und nur mit Mühe wieder aufzurichten.

So jedenfalls haben wir, die Autoren, es am eigenen
Leibe erfahren. Wir sind in manchem Haus gewesen,
das von einem Inkubus beherrscht gewesen sein muß,
und müssen gestehen, daß wir mit zunehmendem Alter
immer mehr solche Häuser kennenlernen. Fast will uns
scheinen, der Spuk in Deutschland nehme wieder zu,
wenigstens in den Gegenden, in denen wir reisen. Und
auch ohne Kettenklirren und Tiergewinsel sind wir von
den Auswirkungen betroffen. Als Folge fehlgeleiteter

emanzipatorischer Bemühungen, erstarken überdies die hexerischen Fähigkeiten der Frauen. Sie üben sich in Schadenszauber. »Den meisten sieht man es nicht an«, behauptet die selbsternannte »Neue Hexe« Lisa Schmack, »aber die Herren merken es im Bett.« Das ist wahr. Wie einst Heinrich VIII., immerhin ein Symbol des Machismo, werden auch heute tapfere Männer schuldlos Opfer heimtückischer Gespenster. Der Berliner Psychotherapeut Stefan Kaempf heilt männliche Spukopfer durch Weihrauch. Weihrauch enthält Tetrahydrocannabionol, einen Stoff, dessen chemische Struktur derjenigen der menschlicher Sexualhormone gleicht. Nur bei hartnäckigem Spuk sei es nötig, den Weihrauchharz wie in der Kirche zu verbrennen. Sonst reiche es, ein Körnchen zu zermahlen und in einem Glas Wasser zu trinken. Die heilige Kraft sei prompt wiederhergestellt.

Streit. Männer, meint der Gießener Psychiater Christoph Birnbaum, sind Meister – Meister im Vermeiden von Konflikten. Warum? Weil sie eine Heidenangst vor Niederlagen haben. In eine Auseinandersetzung gehen sie nur, wenn sie sich überlegen fühlen. Ein Abteilungsleiter mag sich noch einen Streit mit einem Untergebenen zutrauen. Aber Zwist mit einem Gleichrangigen scheut er. Und vor Überlegenen weicht er freiwillig zurück. Frauen dagegen fighten auch nach oben. Möglich, daß ihnen dabei der biologische Kampfinstinkt des Muttertieres hilft. Sie sind Männern in Konflikten jedenfalls überlegen. Und deshalb fürchten Männer so sehr den Streit mit einer Frau. Zumal Frauen redegewandter sind. Sie haben den größeren Wortschatz. Und sie kennen sich besser aus in den Gefilden der Seele. In harten Beziehungsgesprächen sind

sie der Wahrheit näher. Männer sehen das als Niederlage nach Punkten und als Imageverlust. Wie kann
eine Frau dem Mann die Angst vor Streit nehmen? Indem sie jede Gelegenheit zum Anlaß nimmt, mit ihm
zu üben und nichts als zu üben.

Tränen. »Du bist sexy, du bist bad, du bist ein toughes
Girl«, schreibt die britische Kratzbürste Julie Burchill.
»Aber wenn du bei einem Mann trotzdem nicht weiter-
kommst, mußt du altmodisch werden und Tränen flie-
ßen lassen. Davor fürchtet er sich.« Weshalb? Weil er
Tränen von sich selbst kaum kennt. Weil er sich keine
Blöße geben will. Er gibt zwar gern zu, daß er einen
weichen Kern habe, aber diesen Kern will er nicht zeigen. Er behauptet, er sei gefühlvoll, aber die eigenen
Gefühle sind ihm so wenig vertraut, daß er sich vor
ihnen fürchtet. Und wenn eine Frau weint, dann ahnt
er: Jetzt muß ich Gefühl zeigen. Jetzt geht es ran an
den weichen Kern. Jetzt geht es um Sachen, die ich
nicht im Griff habe. Er ist irritiert, er wird nervös, er hat
Muffensausen. »Solange ein Mann Angst vor Tränen
hat«, frohlockte Joan Crawford, »sitzt die Frau am
längeren Hebel.« Und da sitzt sie und ist froh.

Trennung. Männer leiden sehr, erstens ohnehin, und
zweitens ganz besonders unter Trennungen. Richard
Burton freilich feierte nach jeder Trennung von Liz Tay-
lor ein Freudenfest. Henry Miller brauchte Trennungen, um sich lebendig zu fühlen. Auch dem Prinzen von
Wales geht es dem Vernehmen nach gut. »Und wenn
man Richard Gere dieser Tage erlebt«, meldete Dalai-
Lama-Intimus Deschung Rinpoche im Sommer 1996,
»dann muß man den Eindruck bekommen, daß er entweder schrecklich herzlos ist. Oder aber, daß er die

Trennung von Cindy Crawford glänzend verarbeitet
hat. Glänzend deshalb, weil es ihm anscheinend besser
geht als je zuvor. So sind die westlichen Männer.«
Oh, nein. Nicht alle. Kollege Don Johnson ergab sich,
nachdem Melanie Griffith ihn zum zweitenmal verlassen hatte, bedingungslos dem Whisky. Paul Simon
stürzte sich in eine Therapie, nachdem er von Carrie
Fisher verabschiedet worden war. Gleich danach freilich bekam er einen besonders kreativen Schub,
verarbeitete die Scheidung zu umjubelten Hits (»Gra-
celand«) und mußte sich von engagierten Schreiberin-
nen den Vorwurf anhören, er benutze die Trennung lediglich, statt Carrie gebührend nachzutrauern. Und so
ist es stets gewesen, von August, dem Sachsenkönig,
bis zu Charles, dem Britenprinzen, von Heinrich Heine
bis Woody Allen und Sean Penn: Männer, die von ihren Frauen verlassen oder verjagt werden, sind nach
einer Zeit der Zerknirschung empörend schnell wieder
obenauf. Von Männern, die sich selbst verabschieden,
wollen wir erst gar nicht reden.
Liegt es daran, daß Männer weniger Gefühle hegen?
»Nein, es liegt daran, daß Männer ihre Gefühle mehr
streuen«, berichtet die Heidelberger Therapeutin Ga-
briele Stahl. »Nach dem Ende einer Beziehung trauern
Frauen länger und tiefer, weil ihnen die Beziehung
mehr bedeutet. Frauen denken grundsätzlich partner-
schaftlich; Männer nur, wenn sie sich sehr viel Mühe
geben. Frauen neigen dazu, ganz und gar in der Beziehung zu leben. Bei Männern kommt das nur in Aus-
nahmefällen vor.« Männer seien stets mit mindestens
der Hälfte ihrer Gedanken und Gefühle woanders, im
Beruf etwa, bei irgendeiner Liebhaberei oder Liebhaberin, oder sie päppeln irgendeine Idee. Wenn eine
Frau ihnen die Beziehung aufkündigt, sind sie häufig

völlig überrascht. Sie haben gar nicht gemerkt, daß da etwas im argen lag. Oder sie haben es nicht wichtig genommen. Weil ihnen eine Partnerschaft generell nicht so wichtig ist.

»Die Welt der Frauen ist die Liebe«, sinnierte der Wiener Kaffeehaus-Poet Peter Altenberg. »Die Liebe des Mannes ist die Welt.« Deshalb, meinte der Dichter, breche für eine Frau mit dem Ende einer Liebe auch die Welt zusammen. Während dem Mann dann die Welt erst so richtig offenstehe. Doch sachte. Gar so schmerzlos ist das Scheiden nicht. Es tut schon weh.

Um eine Trennung zu bewältigen, muß ein Mann eine Menge tun. Nur sind ihm die Gene dabei behilflich. Die sind nun mal nicht auf Bindung aus. »Zwei Jahrzehnte lang wollten wir nicht wahrhaben, daß uralte Gene mächtiger sind als der freie Wille«, berichtet die Max-Planck-Biologin Kathrin Dehn. »Nun müssen wir eingestehen: Es läßt sich nicht ändern. Jeder Mensch trägt in seinen Genen den Auftrag, den Fortbestand der Art zu sichern. Die Frau kann das am besten, indem sie einen sorgsam ausgewählten Mann zur Ernährung und zum Schutz an sich bindet. Der Mann sichert den Fortbestand am besten, indem er seine Gene möglichst vielfältig verteilt, vor allem auf fruchtbare, also junge Frauen.«

Das klingt vielversprechend. Und es ist eine exzellente, weil schwer widerlegbare Entschuldigung. Es bedeutet: Eine Trennung fällt dem Mann leichter, weil er sich als Gebundener ohnehin unwohl fühlt. Wenn sie ihm dennoch schwer zu schaffen macht, dann deshalb, weil er sie als Zeugnis seines Ungenügens wertet. Die Frau setzt ihn vor die Tür: Das ist so, als setze ihn der Chef vor die Tür. Schließlich ist sie in Beziehungsdingen der Chef. Sie ist die Päpstin der Gefühle. Und nun spricht

sie den Bannfluch. Der Mann sei schuld. Er habe nichts
getan für die Beziehung. Er habe sich nicht geöffnet. Er
entziehe sich. Rede nicht. Gebe nichts preis. Er lasse
sich nicht ein. Sei eine einzige Wand. Gebe keine
Wärme. Er habe nur einen Kopf, jedoch kein Herz. Er
sei gefühlsamputiert. Und dergleichen mehr.
Bei einer Trennung bekommt der Mann ein Arbeits-
zeugnis auf den Weg, mit dem er sich nirgends sehen
lassen kann. Daß die nächste Frau dieses Zeugnis nicht
glaubt, ist ein Trost. Aber zunächst einmal glaubt er
selbst an dieses Zeugnis. Er ist gekündigt worden, und
ohne Grund hätte die Frau das schon nicht getan. Mit
ein paar Dingen, die sie ihm vorgeworfen hat, hat sie
zweifellos recht. Er ist unsicher. Vielleicht ist wirklich
etwas nicht in Ordnung mit ihm. Womöglich ist er tatsächlich ein Gefühlskrüppel? Er fühlt sich schuldig. Er
hält sich für gescheitert. Für einen Versager. Kurz,
wenn ein Mann den Abschied bekommen hat, stürzt er
erst mal in eine Krise. Wie kommt er wieder heraus?
Harrison Ford hackt Holz, Werftarbeiter Lech Walesa
nutzt Stahlrohre, Luciano Pavarotti genügen Sofa-
kissen zum Reindreschen. »Gesicht des untreuen Liebhabers vorstellen und draufschlagen«, riet ein Turiner
Therapeut dem Tenor. »Denn die Aggression muß
raus. Gegen die Wand knallen das Kissen, zerschmet-
tern, zertreten, auslöschen. Sie zerstören ja nicht die
wirkliche Partnerin, sondern das innere Bild, das Sie
von ihr haben, und gegebenenfalls noch das Kissen.«
Der Komponist Anton Webern ließ seiner Wut in
Schmähbriefen freien Lauf. Auch das diente der Auflö-
sung des Wutstaus. »Alles muß rein, was so gemein
und ekelhaft an ihr ist«, erzählte er. »Ich muß mich aus-
toben in dem Brief. Abschicken werde ich ihn natürlich
nicht, aber aufheben.«

Walt Disney unternahm nach einer Trennung eine schriftliche Bestandsaufnahme der Love Story und seines Scheiterns, denn Fehler müsse man deutlich markieren, damit sie nicht wieder passieren, erklärte er. »Wie hat man sich damals verliebt? Wieso erschien die Frau als die richtige? Was erwartete man von ihr? Wie hat man sich die Beziehung damals vorgestellt? Was waren die ersten Hinweise darauf, daß es vielleicht schiefgehen könnte? Und was waren dann tatsächlich die Gründe?« Disney betrieb die Fehleranalyse wie es im Marketing üblich ist. »Aber das ist mir glänzend bekommen.«

Vielleicht den wichtigsten Trick, um aus Groll und Depression aufzutauchen, wandte Gérard Depardieu an: Dankbar sein. »So nervtötend die Frau sich am Ende benommen haben mag, so quälend dieses Ende auch war, die Beziehung hat doch etwas gebracht. Erfahrungen. Erkenntnisse, zu denen ich ohne Schmerz nicht gekommen wäre. Und der Crash war notwendig, damit jetzt eine neue Entwicklung stattfindet.« Das klingt uns eigentlich schon ein bißchen zu therapeutisch. Aber selbst der sturznüchterne Physiker Niels Bohr schrieb seiner in Haß geschiedenen Frau einen Dankesbrief. »Ich wollte einfach mal aufzählen, was mir das Zusammensein gebracht hat.«

»Ich habe mich während und nach der Trennung verstärkt für die Sachen engagiert, an die ich glaube«, erklärte Baumeister Donald Trumpf. Wir werden vielleicht nie erfahren, woran er geglaubt hat, aber der Trick funktioniert. Einige Männer entdecken nach einer Trennung ihr Herz für Greenpeace. Andere helfen Freunden beim Umzug. Wieder anderen reicht es schon, einen Greis über die Straße zu leiten oder einer Old Lady einen Sitzplatz anzubieten. »Es geht darum,

sich als guter Mensch zu fühlen nach den Tagen der Zerknirschung«, frohlockt der jüngst getrennte Chip-Meister Bill Gates. »Es ist absolut aufbauend, die Dankbarkeit und Wertschätzung anderer zu spüren.«
Der Musiker Gordon Sumner alias Sting zog es dagegen vor zu verreisen, und zwar – weil er keine Ablenkung brauchte, sondern einen richtigen Kulturschock – in ein Land der Dritten Welt. »Es müssen ja nicht der Kongo oder Bangladesch sein«, erläuterte er. »Südamerika reicht schon. Wer sieht, unter welchen Bedingungen die meisten Leute da leben, behält von seinem persönlichen Schmerz höchstens viereinhalb Prozent. Und ist bei der Landung auf dem heimischen Airport völlig geheilt.«
Es gibt noch mehr männliche Umgangsformen mit der Trennung. Aber ob es sich um intensives Wassertrinken handelt (Athlet Carl Lewis) oder um eine Whiskykur (John Wayne), um Randale im Sperrbezirk (Bruce Willis) oder ungewohnt frühes Aufstehen nebst Meditation (Regisseur Jean-Luc Godard): »Eines ist bei Männern doch auffällig«, rügt die gebeutelte Isabelle Adjani. »Sie wollen auch noch die Trennung als neuen Kick für ihr Selbstbewußtsein erleben. Egozentrischer geht's nicht.« Oh, doch. Geht es schon. Aber wir sind eben gar nicht so schlimm.

Überholer. Angstfaktor auf Autobahnen und Bundesstraßen. Meist frühzeitig im Rückspiegel erkennbar. »Im Auto überholt zu werden, bleibt für jeden Mann eine Niederlage, die er nur durch waghalsige Rachemanöver wettmachen kann«, meint der Gründungsvorsitzende des Deutschen Automobilisten Vereins, Dr. Friedel Nährkorn. Wir finden das übertrieben. Es reicht doch völlig, wenn man einen Überholer wild anhupt und ihm durch Vorzeigen eines Notizblocks zu verstehen gibt, daß er alsbald mit einer Anzeige zu rechnen habe.

Unordnung. Der italienische Designer Marcello Morandi ist ein Meister der Ordnung. Seine Möbel sind vollkommene geometrische Figuren. Gleichwohl runzelte die Kollegin Alfa Scarpa die Stirn, als Morandi jüngst seinen Herrenschrank vorstellte. Der Boden des teuren Stückes, rügte sie, sei zu dünn geraten. »Es handelt sich ja um einen Kleiderschrank für Herren!« sagte Morandi, als sei damit genug erklärt. »Na und?« fragte Signora Scarpa. »Nun, eine Dame wird in ihrem Kleiderschrank vielleicht mal einen Liebhaber verstecken. Da muß der Boden stark sein. Aber ein Herr wird niemals eine Dame in seinen Kleiderschrank lassen. Sie würde ja alles durcheinanderbringen. Lieber läßt er sich mit ihr ertappen.«
Die unter Designern vielbelachte Anekdote enthält im Kern alles über den Ordnungssinn von Männern und Frauen. Frauen ist das Leben wichtiger als die Ordnung. Männern ist die Ordnung bisweilen wichtiger als das Leben. Männer wollen sich ihre Ordnung nicht stören lassen, am wenigsten von den Inkarnationen der Vitalität, von Frauen und Kleinkindern. Thomas Mann konnte es nicht verkraften, wenn im Küchenschrank seine Lieblingstasse plötzlich an einem anderen Platz stand. Damit geriet die Welt ins Wanken. Seine Frau, deren sechs Kinder pausenlos alles umräumten, richtete sich mit weit gravierenderen Veränderungen rasch und pragmatisch ein.
Das Gleichgewicht der Männer ist empfindlicher. Sie können Unordnung nicht ertragen – es sei denn, diese Unordnung ist von ihnen selbst erschaffen. Dann

steckt nämlich etwas dahinter. Sie mögen bisweilen eine sehr eigene, schwer erkennbare Ordnung haben; vor allem Frauen fehlt häufig das Auge dafür. Und doch wirkt darin ein geheimer Sinn. Ein höherer Sinn, versteht sich. Wie sonst wäre es zu erklären, daß Regisseur David Lynch Rasierapparat und faltbaren Regenschirm im Kühlschrank hütet? Daß Nobel-Autor Samuel Beckett nur vollkommen leere Regale um sich duldete, die Bücher bewahrte er in Kisten auf? Daß Orson Welles, der größte Schlamper von Hollywood, am Tag nach der Verleihung nicht mehr wußte, wohin er seinen Oscar gelegt hatte? Er fand ihn erst zehn Jahre später, als er nämlich umzog, zwischen zwei Stapeln alter Zeitungen. »Ordnung ist eine Sache der Prioritäten«, sprach er. »Ich muß nur wissen, wo meine Zigarren sind.«

Das stimmt: Männern genügt oft ein kleiner Fleck, an dem klare Ordnung herrscht, ein einziger Platz nur, ein einziges Kistchen, aber die Ordnung darin muß unantastbar sein. Der Anblick eines perfekt organisierten Pfeifenschrankes mag ihnen genügen. Oder die staubfreie Vitrine mit Zinnsoldaten in Reih und Glied. Das Bild des stummen Dieners mit Jackett und gepreßter Hose beruhigt sie. Sie sind glücklich, wenn auf dem Sammlerbord für Eisenbahnen alles seine Richtigkeit hat. Sie sortieren die CDs nach dem Alphabet. Das Bewußtsein, daß die Zeitungen dem Datum entsprechend gestapelt sind, gibt ihnen Sicherheit.

Die Ordnung der Frauen ist praktisch, zweckmäßig, sie dient dem alltäglichen Leben, ist also flexibel und kann Störungen schnell integrieren. Die Ordnung der Männer ist oft auf den ersten Blick zwecklos oder bestenfalls spielerisch. Sie ist Ritual. Doch dieses Ritual hat seinen tiefen und tragischen Sinn. Nur Männer umge-

ben sich mit Thermometern, um über die Außentempe-
raturen Buch zu führen. Erfinden neue unumstößliche
Anordnungen für die Stifte auf ihrem Schreibtisch.
Entwickeln Lotto-Systeme.
Was ist der tragische Sinn? All diese Ordnungen, groß
und klein, zeigen nur, wie unverständlich ihnen das
Leben ist. All diese Ordnungen sind Versuche, Klarheit
zu gewinnen. Klarheit über das Leben. Frauen brauchen so etwas nicht. Sie leben einfach, sind gut
geerdet, fest verwurzelt, auf Du mit Mutter Natur. Die
einzige Erklärung, die sie brauchen, ist die des Part-
ners, wenn er spät nach Hause kommt. Männer dagegen stehen vor Abgründen. Ihnen ist das Dasein
selbst zutiefst fremd. Beunruhigt stellen sie fest:
Frauen finden sich darin zurecht. Und sie möchten sich
doch auch zurechtfinden! Aber so einfach aus der Intuition geht es bei ihnen nicht. Deshalb suchen sie
nach Erklärungen. Nach Ordnungen. Deshalb werden
sie Philosophen. Von Philosophinnen hört man ja nur
wenig.
Männer haben im Mittelalter die Erscheinungen der
Himmelswesen geordnet, später das verfügbare Wissen in Enzyklopädien alphabetisiert, sie haben die che-
mischen, physikalischen, biologischen Systeme erkun-
det. Mit dem Leben werden sie immer noch nicht
besser fertig. Doch sie streben danach wie eh und je.
Und jede Ordnung, die ihre eigene und nicht die einer
Frau ist, gibt ihnen Hoffnung. Ihre eigene Ordnung
ebenso wie ihre eigene Unordnung vermittelt ihnen
das Gefühl, wenigstens einen Ausschnitt dieses Lebens zu beherrschen. Der Anblick von gerollten Sok-
ken, gestapelten Unterhosen, gefalteten Hemden im
Herrenschrank nebst Krawatten in der Innentür verschafft ihnen Wohlbehagen. »Hockte eine Frau dazwi-

schen«, seufzt Marcello Morandi, »welchen Sinn hätte die Ordnung noch?«

Unterhemd. »Der Junge ist sexy«, rühmte Pauline Kael, die renommierte Filmkritikerin des *New Yorker.* Sie schrieb es in einer Rezension der Romanze *Mondsüchtig,* und sie meinte Nicolas Cage. »Aber was macht ihn so sexy?« grübelte Kael. »Es ist, fürchte ich, sein Unterhemd.« Gut möglich. Als Lover von Cher stand Nicolas am feurigen Backofen, dampfend, schwitzend, stampfend. Sein schlichtes Unterhemd offenbarte seine Muskeln und seine Kompromißlosigkeit. Feines Tuch hatte er nicht nötig. Im Doppelripp zeichneten sich die Spuren seines Schweißes ab; sie zeugten von glühendem Einsatz und von Leidenschaft. Und wenn er in diesem Outfit auch noch kraftvoll die Brote ins Ofenloch schob, war es auch um kritische Ladies geschehen.
Doch nicht jedes Unterhemd tut diese Wirkung. »Als ich ihn in seinem Untergewande gesehen hatte, wußte ich, daß er nicht Manns genug sein würde, weder in privaten noch in öffentlichen Angelegenheiten«, notierte die Gräfin Stolberg. Das war vor hundert Jahren, und sie zielte auf Kaiser Wilhelm II. Wieso sie ihn überhaupt in Unterwäsche sah, bleibt ein wenig unklar. Doch rügte sie »seine unförmige Gestalt«, die ohne Majestätsgewand überdeutlich zutage trat. Woraus zu schließen ist: Nur Männer mit wohlgeformtem Körper sollten sich im Unterhemd zeigen.
Patrick Swayze zum Beispiel. Er tat es in *Dirty Dancing.* Wenn das brave Bürgermädchen ihn nach Dienstschluß in seiner Hütte aufsuchte, sah sie sich unvermittelt mit nackten Armen, beachtlichem Bizeps und einem Baumwoll-Leibchen konfrontiert. Klar, daß sie diesem Appeal nicht widerstehen konnte. »Ein

Working Boy im Unterhemd ist ein sicherer Flachle-
ger«, behauptet die Sängerin Janet Jackson. Wobei sie
natürlich auch nur Working Boys mit gewissen Maßen
gelten läßt. Und das macht uns Sorgen. In einigen ihrer
Videos turnen solche Muster-Proleten, die in Wirklichkeit Dressmen sind, sonnengebräunt und cremeglän-
zend um sie herum, am liebsten mit zischender Stahl-
walze und flammendem Hochofen im Hintergrund. In
ihre Riege gehören auch die harten Jungs in Fassbin-
ders *Querelle*, deren Unterhemden sogar dekolletiert
waren. Und natürlich war Marlon Brando mal so ein
flachbäuchiger Working Class Hero, als er in den Gas-
sen der *Endstation Sehnsucht* randalierte und hysteri-
schen Landmädchen wie Vivien Leigh unter den Rock
griff. Yves Montand wurde zum proletarischen Sex-
symbol, als er in *Lohn der Angst* am Steuer eines
schrottreifen Dynamit-Brummis saß und seinen stolzen
Oberkörper in weißem Feinripp präsentierte.
Aber so ein Oberkörper muß es leider auch sein. Der
Autor dieser Zeilen sitzt, eben dies schreibend, ebenfalls im Unterhemd am Fenster. Aber die Nachbarin
gegenüber hat nach kurzem Blick nicht lüstern gelä-
chelt, sondern die Vorhänge zugezogen. Nicht gleich
jeder Malocher im Unterhemd ist eben schon ein Objekt der Begierde. Im Gegenteil. Gerade das Bild vom
durchschnittlichen Schichtarbeiter hat den Ruf des Un-
terhemdes gefährdet oder gar ruiniert. Bei ihm spannt
es sich nämlich überm Bierbauch. Es ist seine Freizeit-
kluft oder war es jedenfalls, bevor der Jogginganzug
erfunden wurde. Im Unterhemd hockt er mit der Pulle
vor dem Fernseher. Oder am Küchentisch überm Kar-
toffelsalat, seine Alte anmeckernd, weil sie die Bulette
nicht richtig gebraten hat. Nicht einmal engagierte
Leibchen-Träger wie Stallone oder Schwarzenegger

könnten so einer Rolle noch erotischen Glanz abge-
winnen. Der ganze Muff der fünfziger und sechziger
Jahre steckt darin.

Damals stapelten sich die Unterhemden im Schrank.
Mutti legte sie heraus. Und darüber kam dann das
zukunftweisende Nyltest-Oberhemd. »Ein Mann, der
ein Unterhemd trägt, bleibt ein ewiges Muttersöhn-
chen«, behauptete noch vor gut zehn Jahren der
britische Mode-Kolumnist Gordon Geoffrey. Er spielte
damit auf den Prinzen von Wales an, dem bei irgend-
einem Galadiner ein Hemdknopf abgeplatzt war, weshalb vor aller Augen das englische Gegenstück zum
Schiesser- oder Jockey-Modell aufleuchtete. Geoffrey
fachmännisch: »Charles ist zu schmächtig für ein Unterhemd. Er sieht darin aus wie ein Konfirmand vom
Kontinent.« Wie also, fragen verunsicherte Männer,
sollen sie sich kleiden? Mit Unterhemd? Ohne? Sollen
sie ihre Partnerin entscheiden lassen?

Im kalifornischen San Diego kam vor zwei Jahren ein
alarmierender Mordfall ans Tageslicht: Da konnte eine
bis dahin unbescholtene Ehefrau ihrem Mann den
letzten Seitensprung nicht verzeihen. Sie legte ihm
wie stets ein blütenweißes, diesmal jedoch tödliches
Unterhemd auf den Stuhl. Sie hatte es imprägniert mit
einem Gift, das durch die Haut langsam einzog und
das den Gatten im Laufe von sieben Stunden und während einer Vorstandssitzung schließlich endgültig zu
Fall brachte. Die verhaftete Witwe behauptete, sie
habe sich von einer antiken Sage zu dem guten Einfall
inspirieren lassen: Die Gattin des Herkules hatte ihren
Helden ebenfalls mit einem giftgetränkten Leibchen
aus dem Weg geräumt. Müssen Männer also ernsthaft
Angst haben vor Unterhemden? Oder reicht es, unsicher zu sein?

»Ein paar Muskeln müssen schon sein«, doziert der Düsseldorfer Maßschneider Sebastian Groll. »Es ist gut, wenn die Muskelpakete das Unterhemd geradezu sprengen.« Klar ist das gut, aber nur für ihn, den Schneider, der dann ein neues fertigen muß. Und nicht für uns, die wir jeden Muskel einzeln antrainieren müßten. Es gibt auch noch den Sinnspruch des Tennisstars André Agassi: »Unterhemden nur bei behaarter Brust, sonst lieber nackt!« Worüber sich jetzt der »Undershirts of America«-Club sehr böse geäußert hat, denn diese Vereinigung von Fans sammelt von Stars ausschließlich die Unterhemden, die durchgeschwitzten, versteht sich.

So ungefähr wie die Wiener Hellseherin Maria Reiser. Die läßt sich von fernen Kunden einfach ein Unterhemd schicken. Daraus liest sie dann die Aura, gibt eine Prognose der Chancen und Gefahren und erteilt Rat zur Lösung dringender Probleme. Lediglich einen Tag lang muß das Hemd dafür getragen sein, läßt die kundige Frau wissen, »aber natürlich ohne Deodorant«. Wir, die Autoren, haben das ausprobiert. Die Bedingung war leicht zu erfüllen, das Resultat schwer zu ertragen. Wir raten unseresgleichen: Lassen Sie es. Es gibt ohnedies Männerängste genug.

Unterhosen. »Früher sollten Unterhosen etwas verbergen«, schreibt der Kulturkritiker Gerlach Fiedler. »Heute sollen sie etwas hervorheben und meist etwas, was gar nicht da ist, zumindest nicht in dem Umfang. Seither setzt bereits der Anblick von Unterhosen die Männer unter Erwartungsdruck.« Unterhosen können die Potenz mindern. Sie können auch einen ehrfurchtsvollen Schrecken einjagen, dann nämlich, wenn Männer sie an ihresgleichen etwa im Umkleideraum eines Tennisvereins sehen. Und sie können ein ängstlich gehüteter Schutz sein. »Er hielt seine Unterhose fest und wollte sie nicht herunterlassen«, schrieb die Dichterin Lou Andreas-Salomé über den deutschen Philosophen Friedrich Nietzsche. Das Thema ist augenscheinlich komplex.

Der britische Kunsthistoriker Liam Porter hat deshalb sogar die Theologie um Hilfe bemüht. »Trug Jesus das Schamtuch, das uns die Maler zeigen?« fragte er jüngst in einem Essay im *Independent*. Und gab auch gleich die Antwort: »Nein.« Seine einleuchtende Begründung, ließ der Gelehrte wissen, beruhte auf eigenen Experimenten: »Das Schamtuch ist zu unpraktisch.« Der Mann aus Nazareth habe vermutlich »dasselbe getragen wie Joseph und wie Johannes und wie alle Männer seiner Zeit.« Oder, können wir ergänzen, dasselbe, was Voltaire, Napoleon, Bach und Goethe unterm Rock trugen. Rein gar nichts. Der Streit um die Unterhosen des Herrn entzweite schon das Mittelalter. Der Heiland dürfe nackt gemalt werden, dozierte um 1100 ein gewisser Guillaume de Conches, damals eine Art Trendsetter in der Ästhetik. Nackt? Warum? Conches: »Der Heiland ist ohne Erbsünde. Erst mit der Erbsünde jedoch kamen die Unterkleider.«

Nino Cerruti, Schöpfer umfangreicher Slip-Kollektionen, hat es vor kurzem ganz ähnlich gesagt: »Die Geschichte der Unterhose beginnt mit einem Feigenblatt.« Möglicherweise endet sie auch damit. Der japanische Nachwuchs-Designer Kôkô Tamekane jedenfalls hält seine Feigenblatt-Slips für »die endgültige Antwort auf alle Probleme der Unterwäsche«. Indes eignen sich die aus grüner Seide genähten Blätter wohl nur für solche Männer, die sie auch bei der Premiere vorführten: Bodybuilder ohne Fettrand. Dabei hat

Tamekane eine ganz andere Klientel im Auge. Nämlich Kunden, die beim Anblick eines Feigenblattes einen spirituellen Kick erleben. Der ehrgeizige Schöpfer: »Die esoterische Welle in Europa wird meine Slips zum Standard werden lassen.« Das ist vermutlich ein Irrtum. Denn esoterische Links- und Rechtsträger orientieren sich keineswegs an biblischen Legenden.

Viel lieber folgen sie Aufforderungen zur Sünde, wie sie von der deutschen Tantra-Lehrerin Divya Prem (bürgerlich Gisela Schmitz) ausgegeben werden: »Damit die Kundalini-Energie aufsteigen kann, darf der Lingam (bürgerlich Penis) nicht eingeschnürt sein. Die meisten Tangas sind so geschnitten, daß der Energiefluß blockiert wird. Der Lingam kann sich darunter nicht frei erheben. Die Folge: Schließlich gibt er auf.« Damit ist die Expertin einer Meinung mit Medizinern, die eine potenzmindernde Wirkung allzu enger Männerslips fürchten. Die Samenstränge, heißt es, würden abgeschnürt. Genau deshalb schätzte man im frivolen Rokoko die Abwesenheit der Unterkleider.

»Mann und Weib«, erläuterte Goethe-Freund Christoph Martin Wieland, »bedürfen an den bestimmten Orten des Körpers der Freiheit, um nach ihrem Belieben und ohne Zwang Spiel und Freude zu erlangen.« Divya Prem tritt für die Freiheit des Lingam ein, indem sie »möglichst weite Unterhosen oder klassische Boxer-Shorts« empfiehlt. Auch »Unterröcke nach schottischer Art« seien der Kundalini-Kraft dienlich, und der höchste Traum der Tantra-Turnerin wäre es, »wenn man die Schamkapseln des Hochmittelalters wiederbeleben würde.«

Die vorbildlichen Schamkapseln sind auf alten klösterlichen Buchmalereien zu bewundern, haben allerdings mit Scham nicht das mindeste zu tun. Zwar wurden die

145

Kapseln ursprünglich ersonnen, auf daß fechtende Ritter ihr fleischliches Schwert nicht im Turnier verlören. Doch über die bloße Schutzfunktion ging die Gestaltung bald hinaus. Die Kapseln wurden je nach Adel des Mannes immer größer und prächtiger und ließen einen reellen Rückschluß auf den verwahrten Inhalt kaum mehr zu. Herzog Friedrich von Österreich, Herrscher um 1300, trug bereits im Alter von elf Jahren eine Schamkapsel, deren Umfang seine Höflinge erbleichen ließ. Von dem pfälzischen Kurfürsten Ruprecht wissen wir, daß ihm bei einem Bankett eine offenbar trunkene Dame die Schamkapsel abriß, woraufhin der höfische Schreiber »in der ganzen Gesellschaft Ausrufe der staunenden Hochachtung« registrierte. Ruprechts Schamkapsel hatte nicht gelogen. Vielleicht hatte sie sogar, wie von Divya Prem versprochen, den Aufstieg der Kundalini-Kraft gefördert. »Der bloße Anschein der Potenz fördert die Potenz auch tatsächlich«, hat die Tantrikerin erfahren. »Das ist ein ganz einfaches psychosomatisches Gesetz.« Je sexier ein Mann sich kleide, desto lustvoller werde er auch. Wenngleich in einer Riesenkapsel, wie sie Polens August der Starke im Waffenschrank bereithielt, sich manch bürgerlicher Lingam ganz verloren vorkommen muß.

Denn nicht jeder, und schon gar nicht jeder Weiße, braucht soviel Stoff wie der vielbeneidete Long Dong Silver, dessen Unterhosen unterhalb des Knies enden mußten, um alles zu verbergen, was sie verbergen sollten. Eldridge Cleaver, zum Designer gemauserter Ex-Schwarzen-Führer aus Harlem, konnte sich mit seinen nach außen getragenen Penis-Futteralen in Paris nicht durchsetzen. »Die Franzosen bieten zuwenig Substanz«, grollte er. Die Münchener Therapeutin Bet-

tina Pauly sieht ein wenig tiefer: »Die Männer sind
nicht mehr so unangefochten wie in den Zeiten der
Schamkapsel. Sie fürchten, daß sie nicht halten können, was die Optik verspricht. Deshalb werden die Unterhosen bleiben, wo ihr Name sie einordnet: unter der
Hose.«

Abwarten. Beim letzten Prince-Konzert in Detroit war
der notorische Rechtsträger mit etwas bekleidet, das
einer mittig befestigten Schamkapsel verdächtig ähnlich sah. »Und weil dem weiteren Aufstieg des Nar-
zißmus nichts entgegensteht«, sieht der Berliner Soziologe Karl F. Gündler frohgemut einer »Renaissance
aller und auch der ungewöhnlichsten Modelle« entge-
gen, »die es jemals in der Geschichte der Herrenunter-
wäsche gegeben hat«. Immerhin ist es noch keine
zwanzig Jahre her, daß die Unterhose zum Dessous
veredelt wurde. Und nach der Zeit der Minislips und
der Boxer-Shorts werden auf den Laufstegen mittlerweile Dinge gezeigt, die einen römischen Priester
jüngst nach Zulassungsbeschränkungen rufen ließ. Bei
einer Menswear-Schau in der Heiligen Stadt hatten
sich nämlich einige verkleidete Nonnen im Publikum
niedergelassen. Was sie sahen, muß für handfeste
Träume bis ans Lebensende reichen: pofreie Rio-Slips,
vernetzte String-Tangas, dekolletierte Bodys, French
Cuts mit extrem hohem Beinausschnitt, wattierte
Lederbeutelchen, dominahaft Geschnürtes, dreist Auf-
geknöpftes, schamlos Maßgeschneidertes und schließlich Satin-Spezialitäten, deren Transparenz auch Kurz-
sichtigen den Atem stocken ließ.

»Alles ist möglich«, freut sich der Schneiderverband
Gesamtmasche und wittert einen »unaufhaltsamen
Trend zur Zweitunterhose«. Das ist scherzhaft gemeint,
hat jedoch einen tiefernsten Hintergrund. Mitte der

siebziger Jahre unternahm der Weißwäscher Henkel den verhängnisvollen Versuch, die »Sauberkeit der Deutschen« zu erforschen. Besonders ein Ergebnis der statistischen Erhebung schockte die Branche: Der durchschnittliche Bundesbürger besaß exakt zwei Unterhosen. Eine Fußnote wies verschämt darauf hin, daß sich auf dem Lande noch die biblische Tradition erhalten habe, im Sommer gut belüftet aufs Feld zu ziehen. Im Winter tötete dort kratzbürstige Schafwolle in Grau und Braun die Sinne. Fortgeschrittene Städter besaßen dagegen kochfeste Doppelripp-Modelle, etwa den ruhmreichen Klassiker mit umgekehrtem Y-Schlitz und nie genutztem Eingriff rechts (für Linkshänder und Briten inzwischen auch links zu haben).

»Bis Ende der sechziger Jahre war man prüde«, weiß Soziologe Gründler. »Kein Mann kaufte seine Unterhosen selbst. Das besorgte die Frau, die anschließend auch für das Auskochen verantwortlich war. Dann kamen die aufgeklärten, jedoch sinnenfeindlichen Siebziger. Die Kommunarden wollten Unterwäsche aus dem Hanf kubanischer Kolchosen. Erst in den Achtzigern ging's richtig los.« Da kamen die Minis, die Tangas, die Boxershorts, schließlich die Bodys mit Knopfleiste im Schritt. »Und jetzt gibt's kein Halten mehr.«

Spezialisierte Boutiquen werben mit erotischen Verheißungen. Und der mitterweile bunte Stapel im Schrank des deutschen Mannes zählte 1989 durchschnittlich stolze zehn Exemplare; nach der Vereinigung sank dieser Durchschnitt wieder auf drei Exemplare, ist heute – Mitte 1996 – allerdings schon wieder auf sieben gestiegen. In den neuen Ländern registrierten Marketing-Experten fünf Jahre lang ratloses Staunen angesichts schwarzseidener Slips und dreister Hardcore-Tangas. Inzwischen wird gekauft, oft sogar gewagter als in den alten Ländern. So hat der Recession-Chic des Londoners Scott Renshaw vor allem im Osten Erfolg. Renshaws »Low Down«-Kreationen bestehen aus einem um die Hüfte geschlungenen Lederband, an dem malerische Fetzen baumeln. Der Schöpfer: »Alles scheint nach unten zu hängen. Nun liegt es allein am Mann zu zeigen, daß es ebenso steil aufwärts gehen kann.«

Dergleichen Einfälle haben die Frankfurter Psychologin Annette Reschke veranlaßt, über eine zeitgemäße »Typologie der Unterwäsche« nachzudenken. Wer klassische Weißwäsche bevorzugt, ist nach ihrer Ansicht oder Erfahrung ein zuverlässiger Liebhaber. Freunde von Boxer-Shorts sind zwar für allerlei Späße gut, leider jedoch unzuverlässig. Tanga-Träger gar neigen zur Ejaculatio Praecox. Und Netz-und-String-Fans floppen häufig, schieben dann aber der Freundin die Schuld zu. Wer Schwarz bevorzugt, überläßt der Frau die aktive Rolle. Wer Signalfarben trägt, liebt schmerzhafte Techniken. Und wer gar nichts trägt, »ist entweder Proletarier oder will proletarische Potenz beweisen«. Wir haben nach Kenntnisnahme dieser Untersuchung jedenfalls die Wäsche gewechselt.

Untreue. Werden Männer aus Angst untreu? Der französische Regisseur Claude Chabrol hat das behauptet. Er sei untreu gewesen, weil man ihn sonst für unmännlich gehalten hätte, erzählt er in seinem Lebensrückblick. »Untreue hebt das Ansehen«, heißt es da. »Nicht nur unter Männern. Auch bei Frauen. Ein untreuer Mann weckt zwar Skepsis, mehr aber noch Neugier. Was mag an dem Kerl dran sein? Unter uns gesagt: Nichts Besonderes. Aber das soll jede selbst herausfinden.« Der dänische Philosoph Sören Kierkegaard schreibt in seinem *Tagebuch eines Verführers*: Bei den ersten zehn Frauen mußte er sich Mühe geben. Von da an eilte ihm der Ruf voraus und ebnete den Weg. Nicht der Ruf eines raffinierten Liebhabers, sondern einfach der Ruf eines Mannes, der Frauen verführt. Und so ließen sie sich denn verführen. »Jeder Treuebruch beruhigte meine Angst, ich sei kein guter Mann – und verstärkte meine Angst, ich sei ein schlechter Mensch.«

In der Schule beginnen diese Ängste – mit Prahlerei. »Erst hört man von älteren Freunden, die hätten sagenhaft viele Frauen flachgelegt«, seufzte Schach-Genie Bobby Fisher. »Dann erzählen Klassenkameraden die größten Heldentaten. Und dann ist es Zeit, daß man sich selber ranhält. Alle Filme, alle Rockstars, alle Männermagazine und die Fernsehwerbung, übrigens auch erstaunlich viele Dichter und Denker, die man im Unterricht behandelt – alle hauen in die gleiche Kerbe: Ein männlicher Mann kann unmöglich einer einzigen Frau treu bleiben.«

Dieses Medienbild prägt. Es prägt so sehr, daß es einem Mann schwerfällt, an die Monogamie zu glauben. Er glaubt vielmehr, daß die Ehe oder die feste Zweierbeziehung eine Erfindung der Frauen ist. Gewiß ist es eine vernünftige, praktische und verantwortungsbewußte Erfindung. Sie gibt Sicherheit. Deshalb ordnen sich Männer dieser Erfindung auch gern unter, aber eben nicht ganz. Denn es fehlt manches in dieser Erfindung, zum Beispiel das Abenteuer. Und von manch anderem gibt es zuviel, zum Beispiel von der Nähe. Ist ein Mann untreu, weil er die Nähe fürchtet und so das Abenteuer suchte? »Ja, durchaus«, antwortete der Krimi-Autor John Grisham. »Ich weiß natürlich, daß es mit richtigen Abenteuern heutzutage nicht weit her ist. Zum Glück, denn ich bin feige. Aber in wechselnden

Affären ist ein Hauch des Abenteuers doch immer wieder da, und so ein bißchen Gefahrenkitzel ist ja auch dabei.«

Die Eroberung führt in andere Stadtviertel oder überhaupt in andere Städte und Landschaften, in eine neue Umgebung, zu anderen Leuten; und sie muß verschwiegen werden. Man ist in geheimer Mission unterwegs, entwickelt Strategien, arrangiert, verbirgt, wagt etwas. Ist das nicht abenteuerlich? Und natürlich ist der Reiz des Unbekannten, der neuen Erfahrung im Bett – aber nicht nur dort – Abenteuer genug. Was immer die Psychologen in Ratgeberspalten zum Frischhalten der Liebe vorschlagen: Eine wirklich erfrischende Abwechslung ist nur mit Untreue zu haben. Eine einzelne Frau kann einem Mann nicht all die Bestätigung geben, die er in seiner ewigen Angst vor der Unmännlichkeit braucht.

Der frühere kanadische Ministerpräsident Pierre Trudeau bekannte offen, er sei untreu, weil er Bestätigung brauche. Er könne nicht von seiner Freundin verlangen, daß sie ihm ständig erzähle, wie sehr sie in ihn verliebt sei, und was für ein phantastischer Liebhaber er sei. »Vielleicht bin ich es auch gar nicht. Aber um so mehr will ich es von anderen Frauen hören. Immer werde ich die leise Befürchtung haben, ich sei kein großartiger Liebhaber, nicht phantasievoll genug, nicht einfühlsam genug, nicht potent genug. Deswegen muß ich immer neue Zeuginnen suchen, die mir bestätigen, daß ich all das doch bin.«

Hört sich das nach Leistungsdruck an? Zweifellos. Männer sind auch untreu, weil sie leistungsbewußt erzogen werden. Das hat einerseits dazu geführt, daß sie dem Erfolg Tribut zollen. Was zur Folge haben mag, daß sie sich Untreue finanziell leisten können. Sie können unverdächtige Reisen einschieben, in noble Restaurants einladen, mit einer glänzenden Karosse vorfahren. So geistlos das sein mag: Es macht Eindruck auf Frauen. Mit beruflichem Erfolg und mit Geld ist es schwer, treu zu bleiben. Und soll ein Mann sich das Leben schwermachen?

Andererseits gibt es da die Arbeit, die zum Erfolg nötig ist. Wer viel arbeitet, kann sich nicht viel Gefühl erlauben. Die Zeit fehlt einfach, die Ruhe. Ein Mann investiert häufig so viel Energie in seine Arbeit, daß es ihn überfordert, wenn seine Freundin ihre Gefühle auspackt und das gleiche von ihm erwartet. Er empfindet das als lästig. Und er ist untreu, weil er diese Gefühle scheut. Sex ohne großen Gefühlsaufwand jedoch gibt es nur in den flüchtigen Begegnungen außerhalb der Partnerschaft. Flüchtig ist das richtige Wort. Denn in lichten Momenten ahnt der Mann natürlich, daß es sich um eine Flucht handelt. Er flieht aus Angst vor der Nähe.

Er müsse sich immer mal wieder seiner Unabhängigkeit versichern, schrieb der Theologe Paul Tillich. Bei enger Zweisamkeit fühle er sich bald kontrolliert und unterdrückt: »Ich merke, daß ich verletzbar werde, also auch abhängig. Meine Frau will mich nicht zum Gefangenen machen. Aber ich habe diese vagen Ängste nun einmal, *Angst* kommt von *eng*, und um ihnen zu entgehen, muß ich mir eine künstliche Entfernung schaffen; das geht am leichtesten, indem ich einer anderen Frau nachsteige.«

Und die Frau? Hat die möglicherweise auch mal Lust, einer vergänglichen sexuellen Attraktion nachzusteigen? Genau das befürchtet jeder Mann in einer Partnerschaft. Und diese Furcht ist ein weiterer und gewiß nicht der geringste Grund seiner Untreue: Er geht fremd, weil er eifersüchtig ist. Er möchte vorbauen. Er möchte sich jetzt schon rächen für das, was sie ihm vielleicht antun wird. Er hofft, mit ein paar Affären im Rucksack werde er dann nicht so verletzt sein. Denn er will partout nicht als treudoofer Trottel dastehen. Warum sagt man wohl »treu«doof? Soll er sich auslachen lassen, wenn sie ihm Hörner aufsetzt? Nein. Die anderen sollen sagen: Er hat es ja viel wilder getrieben. Das würde ihn trösten und ihm neuen Mut geben.

Ja, es sind Ängste, die Männer untreu werden lassen. Los werden sie ihre Ängste damit nicht, sie können sie höchstens überdecken und für immer knappere Zeitspannen beschwichtigen. »Frauen sind von solchen Ängsten weniger belastet«, stellte Federico Fellini fest. »Sie haben die Untreue einfach nicht nötig. Sie stehen von Anbeginn als Gewinnerinnen fest. Deswegen erlauben sich die Verlierer, die Männer, die eine oder andere Untreue.« Schreibende Exemplare ausgenommen.

Unworte. Robert de Niro nannte es kürzlich »ein unaussprechliches Wort«. Kollege Danny de Vito bezeichnete es als »direkten Schlappmacher«. Und der Zehnkämpfer Hans-Jürgen Hicksen gestand einst einem Journalisten, daß er im Stabhochsprung nicht so recht hochgekommen sei und den ganzen Wettkampf verpatzte, hätte schon einen Grund gehabt: seine neue Freundin habe ihn in der Nacht zuvor gequält. Und er fügte leise hinzu: »Verbal gequält«. Es ist nicht zu übersehen, daß es sich hier um ein Feld der zwischenmenschlichen Beziehungen handelt, das voller Tretminen steckt. »Die Sprache«, forderte Martin Luther, »laßt ungehudelt und unbesudelt, denn sie bleibt stahn.« Hier irrte der große Reformator und Sprach-

meister. Leider bleibt häufig nichts stahn. Die unbe-
sudelte Sprache führt bei vielen männlichen Zeit-
genossen zu rascher Entkräftung und Enthärtung.
Standfestigkeit verwandelt sich schnell in Schlappheit
– eben weil die Sprache ungehudelt und bloß korrekt
daherkommt. So hat der Frankfurter Neurologe Heinz-
Harald Fischer festgestellt: »Klinischer Sprach-
gebrauch in der Sexualsphäre führt bei viel mehr
Männern, als wir bisher annahmen, zu deutlichen
Erscheinungen der Indolenz.« Und die Wiener Psy-
chotherapeutin Lisa Witasek fand heraus: »Männer
reagieren sensibel auf bestimmte Wörter aus Frauen-
mund. Dazu gehören die Vokabeln *Glied* und *Penis* so-
wie *Scheide* und *Vagina*. Bei 65 % der Probanden ließ
die Aufmerksamkeit sofort nach, als diese Ausdrücke
fielen. 43 % haben die Versuchsreihe nicht durchge-
standen.« Sprache ist verräterisch, und Männer spüren
das intuitiv. Sie ziehen sich und alles, was sie haben,
zurück, wenn der Umgangston der Intimsphäre kalt
und freudlos wird. Im Eiswasser läßt es sich nur schwer
kuscheln.
Freilich gibt es auch den Gegenbeweis. Lisa Witasek:
»Sehr viele Männer reagierten gespannt und erregt
auf sogenannte schmutzige Ausdrücke. Eine Versuchsreihe dieser Art mußte nach kurzer Zeit abgebrochen
werden.« Ein Beispiel aus dem praktischen Leben findet sich in den Tagebüchern von Leopold von Pulcher,
wo es heißt: »Mein alter Freund Joost gestand mir bei
einem Glas Bier einen tragischen Vorfall. Seine Freundin hatte ihm, er war schon auf dem Sprung ins Bett,
zugerufen: ›Hast du dein Glied gewaschen?‹ Seitdem
hapere es mit seiner Manneskraft, ja, er scheute nicht
die Formulierung, es sei ›aus mit ihm‹, der Schreck sei
ihm in jenes Körperteil gefahren und noch nicht daraus

entwichen. ›Kannst du dir vorstellen, was es bedeutet, wenn einem das Grauen ins Glied fährt?‹ Ich versuchte ihn zu trösten. Sicher habe er sich verhört. Sie hätte bestimmt gerufen, ob er seine Glieder etwa gewaschen habe. Nichts als euphorische Vorfreude auf seine schmutzige Wildheit. In ihrer Phantasie sei er mit mehreren ausgestattet. ›Meinst du?‹ murmelte Joost, der über seinem Glas zusammengesunken war. ›Aber ja!‹ nickte ich und bemerkte, wie sich seine Züge aufhellten.« Daraus geht deutlich hervor, was alle Sexualwissenschaftler bestätigen: Bestimmte Worte sind unbedingt zu vermeiden. Falls sie doch Verwendung finden, dann lediglich in der Mehrzahl. Bei alledem ist den Damen dringend zu empfehlen: Benutzen Sie am besten gleich die richtigen Ausdrücke. Keine Zimperlichkeit zeigen. Alle Hemmungen abwerfen. Je schmutziger, desto besser. So beweisen Sie pädagogisches Geschick und lassen zugleich Ihre Ernsthaftigkeit aufblitzen. Fortgeschrittene üben einen lasziven Tonfall ein.

Vater. Mit 46 Jahren, nachdem er seine Karriere als Weltmeister beendet hatte, verriet Schwergewichtler George Foreman, wie er sich nach oben geboxt hatte. »Bei jedem Kampf habe ich mir vorgestellt, ich würde gegen meinen Vater antreten. Das hat mir unvergleichliche Kräfte verliehen.« Foremans realer Vater, in rührendem Unwissen, feuerte den Sohn bei allen Kämpfen von der ersten Reihe aus an. Ho Chi Minh, der mit martialischer Zähigkeit die Vereinigten Staaten zum Abzug aus Vietnam zwang, predigte seinen Soldaten: »Euer Land ist eure Mutter. Laßt nicht zu, daß ein fremder Mann sie in Besitz nimmt! Und wenn ein fremder Mann euch nicht genug aufreizt, denkt, es sei euer Vater, der sie euch rauben will. Fegt ihn beiseite!«

Uns, die wir wohlerzogen sind, mögen diese Worte des Friedensnobelpreisträgers ein wenig befremden. Doch sie benennen ein Grundmuster, das nach Ansicht von Seelenforschern männlichen Psychen auch im Westen nicht fremd ist. »Mit jedem Bauwerk habe ich versucht, meinen Vater einzuschüchtern«, hören wir von Philip Johnson, dem Erbauer von New Yorks feinsten Wolkenkratzern. »Ich fahre Autorennen, um meinem Vater zu entkommen«, gestand in einer siegreichen Stunde Grand-Prix-Rekordler Nigel Mansell. Von Wolfgang Amadeus Mozart wissen wir, daß er ohne seine »Hasenherzigkeit vor dem Herren Vater« nicht eine Note komponiert hätte. Und Philip Roth erklärt: »Meine Bücher sind zugleich für meinen Vater und gegen ihn geschrieben.«

Die Belege sind unerschöpflich. Sie zeigen, daß die Angst vor dem Vater sensible Gemüter einerseits von jeher geplagt hat – und daß sie andererseits überaus produktiv sein kann. Es mischen sich in ihr die Furcht vor Strafe und die Furcht, den Maßstäben des Vaters nicht zu genügen; daraus wächst der Wunsch, ihn zu übertreffen und schließlich zu besiegen. Ein vergleichbares Verhältnis zwischen Mutter und Tochter ist selten. In einer ihrer unvermeidbaren Umfragen hat Shere Hite festgestellt, daß einige Frauen zwar den Haß auf die eigene Mutter kennen, daß er sich jedoch fast immer in Mitleid wandelt, und daß zwischen Tochter und Mutter viel häufiger etwas vorkommt, was zwischen Vater und Sohn sehr selten ist: ein einvernehmliches Bündnis, getragen von dem Gefühl der Nähe, oft auch von dem Wunsch, Macht über einen Mann zu gewinnen.

»Ohnmacht ist die treibende Kraft männlicher Kreativität«, meinte der Tiefenpsychologe Carl Gustav Jung.

Wenn das richtig ist, hat die Angst vor dem Vater einen wesentlichen Anteil an den schöpferischen Leistungen der Männer, denn Ohnmacht ist die Wurzel dieser Angst. Bisweilen führt sie allerdings auch zu weniger erfreulichen Resultaten. So wagte der amerikanische Komiker Buster Keaton im Alter nicht mehr, in den Spiegel zu sehen, weil er argwöhnte, das Antlitz des Vaters blicke daraus hervor; eine Vorstellung, die wesentlich zu seiner Verwahrlosung beitrug. Den Soulsänger Marvin Gaye beschlich in mittleren Jahren die fixe Idee, auf dem Weg zum Tonstudio lauere sein Daddy, um ihn zu erschießen – was dann allerdings auch tatsächlich eintraf.

Um seinen fordernden Vater zu beeindrucken, unternahm Robert F. Scott im Jahre 1912 eine Expedition zum Südpol. Seine Spur verlor sich im Packeis, während sich sein Vater mit seiner, Scotts, daheimgebliebenen Witwe tröstete. Eine vergleichbare Konstellation finden wir bei dem Renaissance-Papst Sixtus IV. und seinem Sohn. Diesem Papst verdanken wir den Satz, die Kirche müsse »dankbar sein, daß Gott ein Vater ist, denn wäre Gott eine Mutter, ließe sich kein Gläubiger einschüchtern«. Dieser sympathische Mann also verheiratete seinen sechzehnjährigen Sohn Zio mit einer doppelt so alten Frau. Die Ehe wurde nie vollzogen, weil Zio argwöhnte, sein Vater habe mit dieser Frau geschlafen und im Schlafgemach einen unerreichbaren Standard gesetzt. Ob der Standard unerreichbar war, mag bezweifelt werden, aber die wesentliche Furcht des Sohnes traf zu. Sixtus hatte tatsächlich mit dieser Frau geschlafen; Zio selbst war die Frucht der Verbindung.

»Das Verhältnis von Vater und Sohn wird ewig spannungsreich bleiben«, sprach der gelehrte Erich

Fromm. »Gutes und Böses geht daraus hervor – und manches, was uns befremdet.« In die letzte Kategorie gehört zweifellos der russische Kosmonaut Grigorij Berdjajew. Im Jahre 1988 änderte dieser, nachdem sein Vater ihm per Funk die baldige Rückkehr gewünscht hatte, eigenmächtig den Kurs seiner Raumkapsel und verschwand im All. Seitdem hat man nichts mehr von ihm gehört; doch müßte er mittlerweile den Saturn passiert haben, jenen Planeten, der den Astrologen als Symbol des strengen Vaters gilt. »Wir sind gespannt darauf, was unser Kosmonaut von der Umrundung dieses Himmelskörpers berichten wird«, verkündete optimistisch das russische Magazin *Búduschtscheje* (»Zukunft«) noch im vergangenen Jahr. »Sobald er zurückkehrt«, zürnte Vater Berdjajew ein wenig realitätsfremd, »bekommt er jedenfalls eine Tracht Prügel.«

Vaterschaft. Tritt oft überraschend als Folge freudvoller Betätigungen auf. Muß dann anerkannt werden. Der Heidedichter Hermann Löns, Urgroßvater von etwa 37 % der niedersächsischen Landbevölkerung, bezeichnete die Vaterschaft als »eines der düstersten Begleiterscheinungen des Mannseins«. Die Autoren dieses unseres Bandes sind weniger pessimistisch.

Versagen. Der Begriff enthält zwei Bedeutungen. Die erste läuft auf das Substantiv Versager hinaus und spielt für Männer keine Rolle. Die zweite Bedeutung wird im reflexiven Sinn verwendet und löst um so mehr Furcht bei Männern aus. Was müssen sie sich nicht alles versagen in unserer feministisch geprägten Gesellschaft! Erich Kästner mußte sich eine Geliebte versagen, solange seine Mutter lebte. Später war es zu spät für ihn. »Im reifen Alter«, resümierte er, »ist es schwer, ein Lehrling der Liebe zu werden«. Thomas Mann versagte sich in seinem langen Leben manchen jungen Kellner. »Katja abermals mit wachem Auge bald oben am Fenster, bald hinterm Vorhang, bald mit mir am Tisch – da ist jeder Annäherungsversuch unmöglich, ja undenkbar«, vertraute er seinem Tagebuch an. Das berüchtigte Wort von der Versagensangst ist nichts anderes als die männliche Umschreibung dafür, sich soviel versagen zu müssen angesichts wachsamer weiblicher Dominanz. Allen unter diesem Phänomen leidenden Männern sei deshalb die noch junge Bewegung des Maskulinismus empfohlen. In den maskulinistischen Arbeitsgruppen werden Tips zur Überwindung der Versagensangst gegeben.

Vibrator. 1. Rüttelinstrument. Wird eingesetzt bei Straßenarbeiten oder im Bergbau. Beliebter Zuruf unter Tiefbauarbeitern: »Hier vibriert ja noch nix.« 2. Auf Sizilien respektvolle Bezeichnung für den Ätna: »Il Vibratore«. 3. In Rußland volkstümlicher Zuruf für den früheren Präsidenten nach seiner letzten Entziehungskur: »Oi, Vibratorje!« 4. Auch Dildo, spezielles Instrument für Frauen, das kurzfristiger Befriedigung dienen soll. Hier liegt eine Furcht vieler Männer begründet, die sich mitunter zur Eifersucht steigern kann. Im allgemeinen wird über solche Instrumente in Familie, Verein und Öffentlichkeit selten, vielleicht zu selten, gesprochen. Doch sind sie seit jeher in Benutzung. In vorindustrieller Zeit wurden Früchte und präparierte Holzstücke verwendet, auch Stoßzähne von Elefanten und Nashörner (nur die Hörner, nicht das ganze Tier). »Und noch heute«, berichtet die Forschungsreisende Luise Rinser, »kann frau in Kleinasien elastische Bana-

nen kaufen, die bei Berührung mit Feuchtigkeit auf-
schwellen. Allerdings nur ein bißchen.« Es sind eben
Hilfsmittel, nicht mehr.

Bischof Burchard von Worms wetterte im 12. Jahrhundert gegen »künstliche Mannesglieder«, deren Gebrauch immer allgemeiner werde, so daß »dem geist-
lichen Stande bald nichts mehr zu tun bleibt«. Diese
fromme Wehklage wiederholt sich bis in unsere Tage.
Im Diözesanmuseum Köln findet sich eine kleine, von
kundigen Nonnen zusammengestellte Sammlung solcher beklagten Gegenstände. In den Vitrinen stehen
kunstfertig geschnitzte Exemplare aus Ebenholz neben roh behauenen Steinen, welche gleichwohl auf
Kirchweihfesten als ›plaisirs des dames‹ raschen Ab-
satz fanden. Im 16. Jahrhundert blies man gläserne Da-
menpläsiere, die mit warmem Wasser gefüllt wurden.
Katharina von Medici trug davon stets vier Exemplare
verschiedener Größe in ihrem Handkoffer, wegen ihres
»Hungers nach Abwechslung«. Das Diözesanmuseum
zeigt ebenfalls die französischen Godemichés (»Freu-
demacher«) aus Samt neben solchen aus zisleiertem
Porzellan mit beigefügtem ledernen Skrotum, »welch-
selbiges mit heiszer Milch zu füllen sey« (so die Erfin-
derin Clara Schumann).

Männer haben diese Instrumente von jeher als Konkurrenz gefürchtet, zumal sie – die Instrumente, nicht
die Männer – als »Tröster« gerühmt wurden. Aber
waren es Tröster? Sind sie es? Die Emdener Sexualthe-
rapeutin Erika Dieterich hat in langen Versuchen herausgefunden, der Vibrator sei ungeeignet zum Spen-
den von Trost. Ihre Publikation (*Dildoismus – der
falsche Weg*, Verlag Frauenoffensive, Edenkoben
1996) legt allerdings nahe, daß sie ihn lediglich falsch
eingesetzt hat. Dieterich: »Obwohl ich den Vibrator

keck aus meiner Handtasche schauen ließ, blieben die
Probanden in Cafés, Fußgängerzonen und Konzert-
häusern kalt.«
An der Bremer Universität wird der Einsatz von Vibra-
toren seit 1972 in kulturwissenschaftlichen Seminaren
gelehrt. Gastdozentinnen geben Auskunft über ihre
Erfahrungen. Sie sollen außerdem versuchen, den
männlichen Studenten ihre ewige Angst zu nehmen.
»Ein guter Mann«, beruhigte noch jüngst der Fach-
bereichsleiter Prof. Hugo Hillenbrand, »ist besser als
jeder Vibrator.« Worauf die Gastdozentin Zsa Zsa
Gahse antwortete: »Es kommt auf die Batterie an.« Unsere Angst bleibt.

Vorspiel. »Mit dem Vorspiel hat es ein eigen Bewen-
den«, lehrte Rabbi Löw von Wieliczka vor etwas mehr
als hundertdreiundfünfzig Jahren. »Die meisten Männer fürchten sich davor. Nur ein Mann mit langem Bart
ist imstande, vollkommen in dessen Genuß einzuge-
hen.« In den Genuß des Vorspiels, wohlgemerkt, nicht
in den des Bartes. Obwohl auch dann noch nicht ganz
klar ist, was der weise Rabbi mit seinem Rätselwort
gemeint hat. Es gibt Deutungsversuche, jedoch keine
verständliche Auslegung.
In jedem Fall muß das Vorspiel zunächst einmal streng
abgegrenzt werden vom Hinspiel und Rückspiel. Auch
das Nachspiel ist nur eine Antwort auf das Vorspiel, allerdings eine theoretische, denn meist fällt diese Antwort aus. Welch große Bedeutung das Vorspiel hat, haben Frauen seit vielen Jahrhunderten zu erläutern
versucht; beruhigt hat das die Männer allerdings nicht,
im Gegenteil. So wies Teresa von Avila die Mönche an,
das »Vorspill behende zu bereiten«, ansonsten ein
»Haubtspill ohne Genusz« sei. Ob die Anweisung Er-

folg hatte, darf bezweifelt werden. Im *Codex Teresianus* findet sich die Randbemerkung eines anonymen Mönches: »So oft selbige das Vorspill forderte, legten sich die Brüder zur Ruhe«.

Hildegard von Bingen erging es kaum besser. Sie wollte zum »gelitzen vorspille und lustic bettinge« anleiten, was um Bingen herum und bis hinauf zur Mosel »ein erschröcklich Widerhall fand«, wie der Abt Martin von Thickoscheid mitteilt. Gleichwohl sind Hildegards Anleitungen nicht ohne Wirkung geblieben. Ihre Forderung nach einem »lustic bettinge« hat sich im Wort »Petting« erhalten, also im Streicheln ohne Koitus, einem Spiel, das sich selbst genügt und daher nicht mit Angst besetzt ist.

Anders das Vorspiel. Nachdem die britische Queen Victoria in ihrer Rede zum goldenen Thronjubiläum 1887 öffentlich »ein behutsames Vorwärmen meiner weiblichen Untertanen im Verkehr« gefordert hatte, wird bis heute über die erforderliche Dauer des Vorspiels diskutiert. Die Autorin Hedwig Courths-Mahler war nach Aussage ihres Privatsekretärs mit zehn Minuten zufrieden, die Tänzerin Isadora Duncan forderte fünfzehn, die beleibte Sängerin Mama Cass sogar zwanzig, »denn so lange dauert es, mich auf den Rücken zu drehen«. Forderungen nach einer halben Stunde sind auch verschiedentlich erhoben worden, doch spätestens bei solchen Erwartungen beginnt die Angst der Männer.

Ausgerechnet der Formel-1-Weltmeister Juan Manuel Fangio galt als Meister des Vorspiels, das sich bei ihm – so der argentinische Frauenverband in einer Grußbotschaft zu seinem 85. Geburtstag – »hindehnte wie die Pampa im Süden unseres herrlichen Landes«. Gemeint waren drei bis vier Stunden. Das ist in der Tat au-

ßergewöhnlich. Im allgemeinen bewirkt ein langes
Vorspiel beim Mann nicht die Steigerung der Erregung, sondern deren Abflachung bis zum schwer wi-
derruflichen Erlöschen. »Nach einer halben Stunde
stieg er aus«, sagte eine Gönnerin über den Maler
Claude Monet. Der Komponist Ferruccio Busoni gab
bereits nach zwanzig Minuten auf und begab sich wieder ans Klavier. Und über Sherlock-Holmes-Erfinder
Conan Doyle klagte seine Haushälterin: »Wenn er
nicht nach fünf Minuten drin war, war überhaupt
nichts mehr von ihm zu holen.«

»Das Vorspiel kann das Männchen überhaupt nur
dann bei der Sache halten, wenn es das Gefühl hat,
dieses Turteln gehöre zur Eroberung des Weibchens«,
schreibt der Idar-Obersteiner Schmetterlingsforscher
Dr. Karli Wendt und zieht kühn die Parallele zum
menschlichen Verhalten: »Solange der Mann den Eindruck hat, er müsse einen Widerstand überwinden,
bleibt er erregt, und das Vorspiel dauert an. Ich habe
das mit meiner Assistentin oft genug erlebt.«

Gerontologen berichten unterdessen, daß mit zunehmendem Alter des Mannes auch seine Furcht vor dem
Vorspiel abnimmt, seine Bereitschaft dazu hingegen
wächst; das allerdings nicht aus Rücksicht, sondern aus
Notwendigkeit. »Man muß aufgebaut werden«, berichtet der 102jährige Einwohner eines Seniorenheims
in Bad Zwischenahn. Sein Vorspiel dauerte bei Redak-
tionsschluß noch an.

Wehleidigkeit. Männer sind empfindsam. Aber das
verbergen sie nach Möglichkeit. Schon belanglose
Symptome beunruhigen sie. Von Muskelmann Dolph
Lundgren wissen wir, daß er ständig seinen Blutdruck
mißt. Nicht, weil da irgendwas wäre. Er hat einfach

eine vage Angst. Pete Sampras hat einmal gestanden, er könne den Anblick von Blut nicht ertragen. Und Schwergewichtsmeister Muhammed Ali legte sich bei jedem Schnupfen vierzehn Tage ins Bett – aus Furcht, sonst könne sich eine unheilvolle Krankheit entwikkeln. Auf dem letzten europäischen Ärzte-Kongreß wurde Betrübliches aus den Wartezimmern mitgeteilt: Männer, berichtete ein Forscherteam, entwickeln im Wartezimmer erheblich mehr Nervosität als Frauen. Sie rücken mit dem Stuhl, trommeln mit den Fingern, räuspern sich, gehen auf und ab. »Sie haben diese Angst, weil sie ihren Körper nicht kennen«, erklärt Internist Pierre Joué. »Und sie sind von Natur aus weniger belastbar, weil sie nicht gebären müssen.«

Weichheit. »Meiner war immer steif«, notierte der Schriftsteller Lion Feuchtwanger. »Ich machte allen damit stets große Freude.« Seinem Kollegen Arnold Zweig erging es anders: »Meiner blieb immer weich; ich habe nie einen steifen erreicht, geschweige denn Frauen damit beeindrucken können.« Die beiden Dichter sprechen hier von der Zubereitung des berühmten Sächsischen Kirmes-Puddings, einem Leckerbissen, der laut Rezept einen ungewöhnlich hohen Steifegrad erreichen muß. Ihn richtig zuzubereiten, gehört zu den schwer erfüllbaren Träumen eines jeden Hobbykochs, denn meistens bleibt er weich. Doch müssen wir einräumen, daß es nicht die Weichheit dieser Spezialität ist, welche die Männer am meisten fürchten. Es ist auch nicht die Weichheit des Herzens, die ihnen Angst bereitet. »Ich fürchte eine Weichheit, über die ich nicht spreche und über die ich am liebsten nicht nachdenke«, erklärte der Dirigent Arturo Toscanini. »Würde ich über sie nachdenken, sie würde mich gewiß ereilen.« Er hat dann wohl doch darüber nachgedacht, wie wir den Memoiren seiner ersten Geigerin entnehmen können. »Weichheit ist die größte Angst der meisten Männer«, erklärt Friederike Philippi von der *Härtestelle Hamburg*. Aufgabe der staatlichen *Härtestelle* ist es, die Biegefestigkeit und Stauchhärte männlicher Geschlechtsorgane zu ergründen. Frau Philippi erläutert, wie die Festigkeit ermittelt wird: »Sobald die Schwellkörper der freiwilligen Versuchsperson gefüllt sind, wird das betreffende Organ in das Biegegerät eingespannt. Von unten drücken zwei hydraulisch gesteuerte Stangen mit einer Geschwindigkeit von einem Millimeter pro Sekunde gegen das Organ, auf dem oben, etwa in der Mitte, ein Gegengewicht liegt. Der Zeitpunkt, an dem das Organ nachgibt, ist der Faktor A der sogenannten Biegefestigkeit, anders gesagt der Weichheit.« Über die Faktoren B und C und alle weiteren Faktoren wollen die Autoren dieses Bandes aus persönlichen Gründen nicht weiter nachdenken.

Weihnachten. Frohes Fest zur Erinnerung an Christi Geburt. Neuere Untersuchungen wie die des Psychologen Wolfgang Weisenbach (*Weihnachten als Partnerproblem*, Hausen i. T., 1995) haben freilich ergeben, daß vor allem Männer dem Frohsinn mißtrauisch bis sorgenvoll entgegensehen. Männer, erläutert der Forscher, sind aufgrund ihrer Sensibilität schon im September fähig, die Erschütterungen des Weihnachtsfestes im Dezember wahrzunehmen, ja, es gebe sogar vereinzelte Exemplare, die bereits im Frühjahr Weihnachtsängste äußern. Dennoch gelinge es ihnen nicht, das Fest abzuwenden.
Bereits Charly Chaplin hat vor Jahrzehnten in einem Interview erklärt: »Weihnachten jagt mir Jahr für Jahr

mehr Schrecken ein.« Warum das so ist, wollte er der Interviewerin nicht mitteilen, doch die sachkundige Öffentlichkeit wußte, daß die Geschenke in Chaplins kinderreicher Familie nicht unter einen Weihnachtsbaum paßten, sondern daß deren drei benötigt wurden. Äußerte der große Komiker seine Angst noch ziemlich direkt, so sind die meisten männlichen Klagen über Weihnachten eher verhaltener Art. So soll Papst Pius XII. bei einem Adventsdiner gesagt haben: »Bis Weihnachten noch vierzehn Tage. Bis dahin sind wir arm.« Ihm persönlich sei Pfingsten lieber. Urwalddoktor Albert Schweitzer äußerte sich etwas präziser über seine Furcht vor dem Christfest. »Die Frauen um mich herum drängen mich, bei meinen guten Schwarzen den Weihnachtsmann zu spielen.« Obwohl er sich mühevoll verkleidete, scheinen ihn seine Anbefohlenen recht schnell erkannt zu haben, wie seiner Autobiographie zu entnehmen ist. Sie empfingen ihn mit den Worten: »Massa Schweitzer ist gut Weihnachtsmann, bringen viel Geschenke«, obgleich er lediglich Merkblätter mit Bibelsprüchen verteilte.

Die Zeitschrift *Journal für die Frau* empfiehlt ihren Leserinnen, eine Checkliste für Weihnachten zusammenzustellen und diese ihren Männern auszuhändigen, eine Maßnahme, die wohl endgültig die männliche Furcht vor Weihnachten verständlich macht. Diese Checkliste beginnt in der ersten Dezemberwoche mit der Anleitung: »1. Geschäfte jetzt an jedem Samstag bis 18 Uhr geöffnet. Einkaufszeit vollständig nutzen! 2. Volkshochschulkurs im Stollenbacken belegen! 3. Weihnachtsmann buchen! 4. Kleine Geschenke kaufen. Nikolausstiefel bis zum Rand füllen!« In der Weihnachtswoche selbst solle dem Ehemann aufgetragen werden: »Blautanne kaufen oder selbst

schlagen, Hausapotheke auffüllen (Frauentrost!), Beginn der Mitternachtsmesse herausfinden, Suppe für den ersten Feiertag vorkochen, Brötchen bestellen, Plätzchen backen, Weihnachtsoratorium (CD) bereitlegen, Bastelarbeiten mit den Kindern erledigen, Gans ausnehmen, Karpfen in die Badewanne setzen (jeden Abend abduschen).«
Übertroffen wird diese Liste lediglich durch die Realität. Die Schwiegermutter will abgeholt und gepflegt unterhalten werden, der Weihnachtsbaum bedarf des Schmückens, es gilt, den Bescherungstermin einzuhalten und unbändige Freude beim Auspacken der Geschenke zu zeigen, Weihnachtslieder froh abzusingen, schließlich die Schwiegermutter heil zurückzubringen. »Wer spricht von Siegen?« fragte der Poet Rilke angesichts des Heiligen Festes. »Überstehen ist alles.«

Zahnärztin. Männer, die dieses Buch im Wartezimmer einer Zahnärztin lesen, sollten diesen Abschnitt überspringen. Falls das Buch zur allgemeinen Lektüre ausliegt, sollten sie diese Seite sogar herausreißen und vernichten – im Interesse aller Patienten, die noch einen letzten Funken Hoffnung bewahren. »Denn mit Zahnärztinnen«, schreibt Horror-Freund Stephen King in einer frühen Short story, »ist es eine eigene Sache.« Gleich nach dieser Ankündigung läßt King eine Lady im weißen Kittel tief und tiefer in den Kieferknochen eines arglosen Mannes bohren, dessen einziger Makel es ist, dem früheren Liebhaber der Dame zu gleichen.
»Frauen sollten keine Ärzte werden«, schrieb vor hundert Jahren der kluge Junggeselle Wilhelm Busch, »man weiß nie, ob sie nicht Rache nehmen.« Zu spät. Seine Warnung ist ungehört verhallt. Frauen sind

längst als Ärztinnen tätig, und nicht nur im Bereich Kinder und Tiere, den ihnen der Psychiater Alfred Döblin empfahl. Nein, es gibt Kardiologinnen und Urologinnen, neuerdings auch erschreckend viele Chirurginnen. Und es gibt eben jene Frauen, die gnadenlos und unmißverständlich den Bohrer ansetzen, die überzeugten und praktizierenden Zahnärztinnen. Jüngst ist eine von ihnen sogar zur Präsidentin der amerikanischen Zahnärzte-Vereinigung gewählt worden, als erste Frau in dieser Position, was die nimmermüde Aktivistin Betty Friedan zu der Bemerkung veranlaßte, nun erst hätten die Frauen wirklich Macht. Genau das befürchten aufgescheuchte Männer. In der Zahnmedizin, sofern sie sich nicht auf tugendhafte Labortätigkeit beschränkt, wird Macht ausgeübt. Und zwar, wie Freud-Schüler Alfred Adler besorgt festgestellt hat, »mit einem durch und durch männlichen Instrument«. Deshalb verlieren Männer so leicht die Orientierung, wenn sie sich einer Zahnärztin nebst Bohrer gegenübersehen. Adler: »Ein Bild des Widerspruchs.« Und deshalb wollen sie partout Tapferkeit beweisen, während sie doch schon ahnen, daß sie mit ihren eigenen Mitteln geschlagen werden. Der australische Dentisten-Verband hat im vergangenen Jahr Fragebögen unter den Patienten verteilt. Australien ist weit, aber die Ergebnisse liegen uns nicht fern: Zwei Typen männlicher Patienten nämlich haben die Forscher dingfest gemacht. Der eine strengt sich eisern an, Ängste und Schmerzen zu verbergen. Der zweite verschwendet darauf keinerlei Mühe, sondern klappert gleich beim Eintreten mit den Zähnen und bittet um Nachsicht.

Das gilt für jede Zahnarztpraxis. Doch angesichts einer Frau im Kittel verstärken sich diese Charakteristika

noch. Der erste Typ gibt sich tough bis zur Selbstver-
leugnung; er sieht in der Zahnärztin eine Frau, die er
beeindrucken muß. Der andere Typ greift bebend nach
ihrer Hand; er sieht eine Mutter, die ihn vor Schmerz
bewahren und trösten soll. Das wirkt zwar wenig
männlich, ist aber, so ermittelten die Demoskopen, der
einzige Weg zum Glück. Denn auch in jeder Zahnärztin stecken zwei Seelen: Die eine will dem Mann beweisen, daß sie ihren Beruf beherrscht, und diesen Beweis tritt sie desto nachdrücklicher an, je mehr er den
Hardliner markiert. Die andere ist voller Fürsorge und
Mitgefühl, vor allem, wenn der Patient sich unge-
schminkt zu seiner Pflegebedürftigkeit bekennt.
Der Autor dieser Zeilen muß gestehen, daß er sich
ohne demoskopische Empfehlung längst freiwillig vom
Tough Guy zum Weichei entwickelt hat. Natürlich nur
im Behandlungszimmer. Machtproben dort müssen
einfach zuungunsten des Patienten ausgehen. Statt
dessen nutzt er das Wartezimmer, um sich betont lässig
und souverän zu geben, damit wenigstens die Mitpati-
enten beeindruckt sind. Sobald er mit der Ärztin und
den Helferinnen allein ist, bekennt er sich zu seiner fei-
nen Sensibilität. Anderen Inkarnationen der Männlichkeit geht das ebenso.
»Irgendwann habe ich mal erfahren, daß meine Zahnärztin Mutter zweier Söhne ist«, erzählt Arnold
Schwarzenegger. »Sie weiß also, daß Männer schmerz-
empfindlicher sind als Frauen. Ich muß ihr nicht das
Gegenteil beweisen.« Und doch, er räkelt sich nicht
glücklich im Stuhl. »Es bleibt ein Rest uralten männlichen Unbehagens.« Das muß mit der symbolischen Bedeutung der Zähne zusammenhängen. Ein Mann muß
die Zähne zeigen können. Er muß beißen können. Die
Zähne sind Zeichen des Zupackens, der Kampfbereit-

schaft, der Kraft. Freud hat herausgefunden, daß der Traum vom Ausfallen der Zähne nichts anderes bedeutet als die Angst vor Impotenz und Kraftverlust.

Was also, wenn eine Frau einem Mann mit milder Freundlichkeit einen Zahn zieht? Oder gar zwei? »Ich habe mir angewöhnt, das medizinisch zu sehen«, berichtet Schwarzenegger. Gut. Aber irgendwann wird es vielleicht schlimmer kommen, jetzt noch nicht, aber mit den Jahren. Er habe viel Demütigendes in seinem Leben erfahren müssen, hat Norman Mailer zu Protokoll gegeben, nichts jedoch sei so erniedrigend gewesen wie »die Stunde, in der meine Zahnärztin mir ein Gebiß einsetzte«.

Zeit. Die Zeit spielt im Liebesleben nur selten eine philosophische, doch immer eine außerordentlich praktische Rolle. Wenn der Mann aus dem Haus geht und sich dem rauhen Sturmwind des Geldverdienens aussetzt, wird seine Frau vielleicht einen letzten Liebesbeweis von ihm erwünschen. Er entgegnet, daß keine Zeit dafür sei. Sie antwortet mit heißen Küssen und drängendem Unterleib. Er antwortet, daß ihm das einleuchte. Die Zeit müsse eben gedehnt werden. Es folgt ein sogenannter Quickie, der, wie es der Name schon andeutet, kurz an zeitlicher Ausdehnung ist, aber in langer Erinnerung bleiben wird. Umgekehrt kann ein langer, vom Mann eingefädelter Abend, dem eine noch längere Planung vorausging, in der er seine einzelnen erotischen Schritte sorgfältig durchexerzierte, in einem kurzen, dumpfen Knall enden. Die Frau hat die ganze lange Planung durchschaut, die von ihr so erhoffte Spontaneität vermißt und den Mann als elenden Zeitspieler entlarvt.

Zukunft. Zeitabschnitt, über den Männer in privaten Beziehungen ungern reden. Erstens könnte noch etwas Besseres kommen. Zweitens bleibt jede Aussage über die Zukunft der Partnerin unauslöschlich im Gedächtnis und wird bei Bedarf wieder hervorgekramt. Drittens wissen Männer nie, ob sie die gegenwärtige Frau gerade lieben, oder ob das nur Gewohnheit oder Bequemlichkeit ist. Viertens beschränkt jedes Versprechen für die Zukunft die Möglichkeiten der Gegenwart. Fünftens ist das Hinhalten und Offenhalten ein Machtfaktor, den Männer ungern aus der Hand geben. Sechstens wollen sie möglichst lange herumspielen, ohne sich festzulegen. Und siebtens müssen sie sich auch weniger festlegen, weil sie weder schwanger werden, noch neun Monate lang ein Kind austragen, noch es anschließend säugen können. Nirgendwo in der Natur sind sie für diesen Job vorgesehen. Nirgendwo werden sie zur Verantwortung für die Zukunft gezwungen, außer allerdings in einer Partnerschaft, und dann von der Frau. Das macht sie bang.

Zweifel. Der ruhmvolle Tarzan Johnny Weismüller teilte einst seinen Verehrerinnen mit, er sei lange Zeit von Selbstzweifeln gepeinigt gewesen. Dustin Hoffmann will sich am Beginn seiner Filmkarriere nicht unter Menschen getraut haben. Und der Sänger Peter Alexander fand sich einst, ebenso wie wir ihn, »albern und überflüssig«. Zweifel und Selbstzweifel treffen jeden Mann mindestens einmal im Leben. Besser ist es freilich, wenn sie öfter auftauchen. Denn, wie der Münchner Psychotherapeut Niklas E. Brummel herausgefunden hat: Sie sind der »Motor zu einem festeren Ich«. Mit anderen Worten: Selbstzweifel sind nicht nur wichtig, sie sind absolut nötig, und es erscheint ratsam, sich in Situationen zu begeben, in denen Zweifel und Selbstzweifel hervorgelockt werden. Einige davon seien hier empfohlen: 1. Sich mit der neuen Eroberung verabreden. In kurzen Hosen, ausgetretenen Sandalen und ohne Portemonnaie erscheinen (für Männer). 2. Den Freund zur alten Wohngemeinschaft bestellen, sich dort feministisch, lesbisch und den alten Tagen nachtrauernd geben, den Partner ab und zu widerwillig ansehen (für Frauen). 3. Den Partner in die Familie einladen. Eltern und Großeltern, Onkel und Tanten von den diversen Erbkrankheiten erzählen lassen, die Frage stellen, wie viele Syphilitiker und Lymphatiker es in der Familie gab, und was aus ihnen wurde. Ausdrücklich die Frage erörtern, in welchen Sprüngen sich die Krankheiten vererben (für Frau und Mann gleichermaßen geeignet). Sind Zweifel an der Richtigkeit der angestrebten Verbindung erst einmal gesät, werden Selbstzweifel ausbrechen. Diese nun gilt es durch Gewissenserforschung, Selbstgespräche und meditative Begegnungen zu heilen. Gelingt es, wofür man sich Zeit lassen sollte, erwächst ein neues Ich, das den alten Selbstzweifeln gelassen gegenübersteht.

Zypresse. Letztes Phallus-Symbol im Alphabet, von Männern bei Toskanareisen als Objekt des Vergleichs gefürchtet.

WIGALD BONING
FLIEGENKLATSCHEN IN ASPIK
mit 40 farbigen Abbildungen

KiWi 411
Originalausgabe

Was haben ein Paar Gummistiefel, eine Großpackung Kuki-
dent und 15 Liter pasteurisierte Bananenmilch im Sandsack
eines Boxers zu suchen? Warum setzt sich Otto Graf Lambs-
dorff so vehement für Lakritze und saure Drops ein? – Diesen und vielen anderen Fragen geht Wigald Boning in seinem
wunderbaren Gesamtkunstwerk auf den Grund.

KiWi Paperbackreihe bei Kiepenheuer & Witsch

Helge Schneider
Der Mörder mit der Strumpfhose!

Kommissar Schneider wird zum Elch

KiWi 415

...arschfahl klebte der Mond am Fenster. Das Schloß lag im Schatten einer riesigen Kastanie. Ein Eichhörnchen kletterte mutig im Geäst und warf mit Nüssen. Der Himmel kotzte.

KiWi Paperbackreihe bei Kiepenheuer & Witsch

Jörg Metes / Tex Rubinowitz
Die sexuellen Phantasien
der Kohlmeisen
200 Listen, die Ordnung schaffen

KiWi 426
Originalausgabe

Das Buch, auf das die Leser gewartet haben: Das unüber-
sichtliche Leben, endlich in Listen geordnet und sortiert.

KiWi Paperbackreihe bei Kiepenheuer & Witsch

RÜDIGER HOFFMANN
JA HALLO ERSTMAL

KiWi 371

Originalausgabe

Das erste Buch des neuen deutschen Kabarett-Stars Rüdiger Hoffmann.

Und das sagen die Medien zu Rüdiger Hoffmann:

»Rüdiger Hoffmann trägt mit stoischer Miene Alltäglichkeiten vor – und brachte es damit zum Kabarettaufsteiger der Saison (. . .)«   *Der Spiegel*

»Hoffmann genügen einige Blicke und Bewegungen. Er spielt keine Klischees, sondern Menschen.«
                                                       Tagesspiegel, Berlin

KiWi Paperbackreihe bei Kiepenheuer & Witsch